U0000622

シルクロード世界史

歷史學家寫給所有人的

絲路史

遊牧、商業與宗教，
前近代歐亞世界體系的形成

森安孝夫
MORIYASU TAKAO
陳嫻若——譯

目錄
CONTENTS

PART 2 騎馬遊牧民的機動力

PART 3 絲路的世界體系論

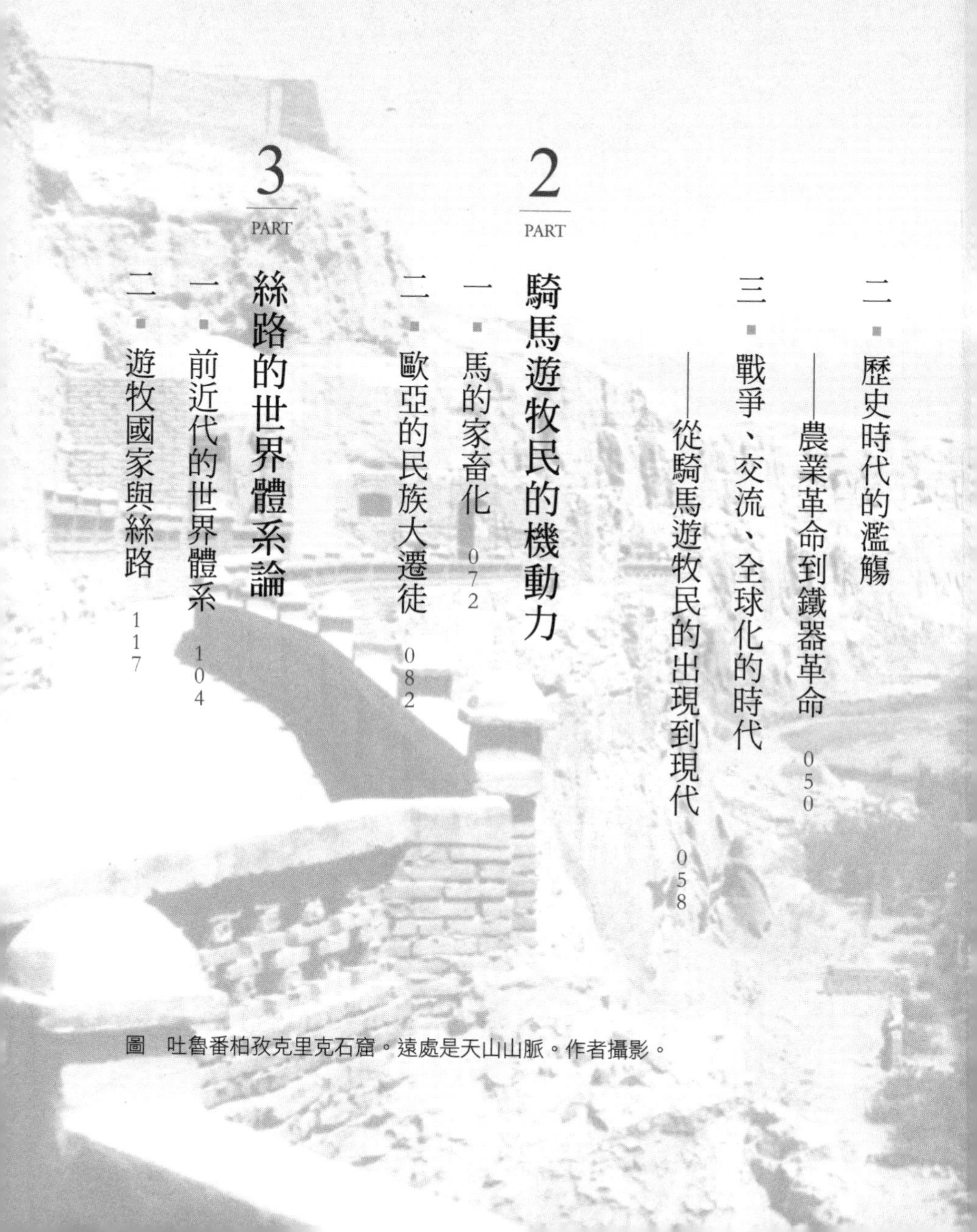

圖　吐魯番柏孜克里克石窟。遠處是天山山脈。作者攝影。

圖　天山山中的羊群與帳篷。作者攝影。

圖　蒙古烏蘭巴托東南約50公里的突厥暾欲谷遺跡。作者攝影。

序章　學習世界史的理由

一　什麼人需要歷史？

■世界史可能寫嗎？

不論什麼樣的絕世天才，都沒有辦法將人類史或世界史壓縮在一到兩冊書裡。

身為一個小小的歷史學者，從年輕時我就一直關注國內外出版的歷史相關書籍，觀望著有沒有人能寫出縱觀全世界歷史的書籍。但是，即使年過古稀的現在，我近乎放棄地確定「沒有人能寫出這本巨著」。

這全是因為我閱讀了近年炙手可熱、尤瓦爾・哈拉瑞（Yuval Noah Harari）所著的《人類大歷史》（*Sapiens: A Brief History of Humankind*，日文版於二〇一六年由河出書房新社分上下冊發行，繁體中文版為二〇一四年由天下文化發行）。這部有著恢宏書名的書，全世界共賣出一千六百萬冊，日文版也累計售出近一百萬冊，成為大暢銷書。

至於它的內容，第一部的〈認知革命〉與第二部〈農業革命〉的確有其普遍性，我等讀來大有收穫。但是讀到第三部〈人類的融合統一〉、第四部〈科學革命〉，記述的主角還是以歐美為中心，只少許提到中國為首的東亞、印度為中心的南亞，以及我所研究的中央歐亞各民族歷史與文化。換句話說，該書雖然號稱「人類全史」，但實際上只不過是「西方人的世界史」。

不過，這並不表示這本《人類大歷史》對我們東方人沒有價值。所有人類誕生於非洲，文明肇始於西亞，向東西傳播，所以，第一部〈認知革命〉與第二部〈農業革命〉不論對西方人或是東方人，都具有同等的價值。

不只是這本《人類大歷史》，不管在日本或國外，過去以世界史為題材出版的書籍不勝枚舉，但是不論怎麼看，我都沒見過真正稱得上世界史的書。

每位歷史學者還是透過自己專業領域的縝密研究，基於從中獲得的歷史觀，以盡可能提出擴展視野的歷史面貌為己任，不能期望太高。因此，對專門研究中央歐亞的我而言，我的使命應該是捨棄長久以來從歐亞東部的中心——中國所看的中華主義史觀，和近代以後，從歐亞西部發展為全球規模的西歐勢力，其所見的西方中心主義史觀，而把視角鎖定在中央歐亞，這個騎馬遊牧民曾經大有作為，發展成陸上絲路的地方，建構世界史。

但是，我並非提倡「中央歐亞中心的史觀」，過去也從未主張過中央歐亞是世界文明的中心。從我的立場來看，「陸上絲路」就等於「前近代的歐亞世界」，因此本書的日文書名

《絲路世界史》（シルクロード世界史），也就是「前近代歐亞世界史」，內容也是與前著《絲路、遊牧民與唐帝國》（シルクロードと唐帝国，講談社，二〇〇七、文庫版，二〇一六）互補有無的論述。

《圖說中國的歷史11　東西文明的交流》，是我的恩師榎一雄的精心力作。大家都知道，十九世紀以後的亞洲現代化全都是拜歐洲之賜，但是榎一雄卻用這本書簡單說明，歐洲自十五世紀開始的近代化，全是拜亞洲之賜。榎一雄敘述的絕不是中國的歷史，而是歐亞世界史，而我承繼了他的觀點。

■西方進步嗎？

現在領導全球世界的是美利堅合眾國，但是美國直到百年前，都還在望西歐之後塵而莫及，雖說現代文明的重心在歐美，但是眾所周知，其實根源幾乎都來自於西歐。

那麼，亞洲或東方在漫長的人類歷史中，一直落後給西方，也就是歐洲嗎？絕非如此，甚至事實完全相反。例如：在人類史上形成莫大影響的四大發明——紙、火藥、指南針、印刷術，不論哪一樣都源自於中國，並不是西方發明的。一如二〇〇八年北京奧運中，中國主辦方在開幕典禮上藉由表演一再宣傳，近乎煩人的內容。

紙、火藥、指南針、印刷術之中，紙讓傳達知識的根源——書本得以低價普及，在唐代時從中國經由絲綢之路傳到中亞的撒馬爾罕（現在的烏茲別克），九到十世紀再從那裡傳到西亞的伊斯蘭世界，直到十二世紀才終於傳播到南歐的義大利，傳到西歐還要更晚。沒有吸取油墨的紙，印刷術也無法誕生。中國的木版印刷始於七世紀，但是古騰堡到十五世紀才發明活版印刷術。

■歷史是什麼？

地球上現存的千百萬生物都有著從物種起源到現在的「過去」，但是記述其由來並不能稱為「歷史」。「歷史」只有在指涉「人類經歷的過去」時才會使用。人類在非洲的誕生約可追溯到七百萬年前，我們的直接祖先在非洲完成進化，約二十萬年前（有許多說法）出現了現代人（即晚期智人，又叫新人）。也就是說，所有的人類至少都有二十萬年的過去，但是查閱考古資料，人類到目前的歷史再怎麼往上回溯，也只有到一萬年前。

專攻古代東方史的蔀勇造撰寫的《歷史意識的萌芽與歷史記述之始》（歷史意識の芽生

えと歷史記述の始まり），這本書雖然小，但深具啟示。根據他的論點，「歷史」這個詞至少有兩個意義。即「發生事件本身」與「發生事件的記述」，換個說法，前者是「存在本身的歷史」，後者是「作為記錄、敘述的歷史」。如果用我的說法，後者的歷史，是以人類社會為對象，切割出過去一定的時間與空間，並用適當的言詞來表現。

即使沒有文字，也有口頭傳承，自人類發明文字之後，就會記錄在木、竹、石、黏土板或金屬上。歷史是集團對於過去的記憶，但是並非一五一十將過去發生的事給記憶、記述下來。尤其是以文字書寫的歷史，經常是配合撰寫當時的需要，所以有一定的秩序，而且不只是表現執筆者本人或下令撰述者的看法、想法，也反映出當時宗教和社會風潮。所以書寫的歷史全都是主觀的論點，不可能有百分之百客觀的歷史，而且，歷史全都是書寫當時的現代史。歷史學雖為現代的一門學問，但也必須是「追溯過去，說明現在的學問」。

幾乎所有的歷史書，主要都是以文字書寫的史料作為基礎。不論在哪個文明圈，最早需要「文字」的人都是統治者。古代文明圈是政教合一，也就是宗教與政治互為表裡，所以向神明祭祀、占卜，徵收稅賦、貢物，製作「名簿」召集軍士、工人，都需要文字。

那麼，最早需要歷史的人又是誰呢？答案也是統治者。統治者為了讓統治某個固定人群合理化，並且持續統治下去，所以才寫歷史。如果沒有需要，即使有「過去」也不會寫成

「歷史」。那麼，到底是什麼樣的統治者需要歷史呢？答案是當權者。

人類最古老的歷史紀錄，在古代東方世界可以追溯到處理「祭祀」時，用各種文字所寫的帳簿，之後出現了條列式的「君王族譜」。如蔀勇造所言，「古代東方文明總體來說，無疑是創造出了記述過去並編纂的文化」，但現在只剩下斷簡殘篇。

那麼，現在世上最古老的完整史書是哪一本呢？在西方，是西元前五世紀希臘的希羅多德所寫的《歷史》（原義為「調查研究」，譯為《歷史》）。而東方則是西元前一世紀，中國司馬遷所寫的《史記》。至於日本，則是八世紀的《古事記》與《日本書紀》。希羅多德寫的史書，是為了向亞洲（波斯阿契美尼德帝國）宣揚歐洲（希臘）的勝利，並不能算是純粹為當權者所寫的書。但是其他三本史書，明確是為了當時的統治者暨當權者所撰寫的作品。

俗語說「成王敗寇」，許多歷史書都是站在勝利者的立場來寫，所以這句話尖銳地點出，不論是非對錯，歷史書的記述都有美化勝者為正義的一方，並且誇大貶低敗者的傾向，真可說是至理名言。不用說，世界上不論何處，戰爭中勝利者就成了當權者。戰敗者就只能逃亡到別的地方，若非如此就得成為奴隸，或是被迫從事骯髒、辛苦的工作，不知不覺就成為「身分」固定下來。

▒近代歷史學的由來與現狀

由於西歐列強是近代世界的霸主，到了十九世紀，他們開始編纂符合自身利益的萬國史（世界史）。所謂的基督教歐洲世界，不論怎麼估算，都只能追溯到法蘭克王國查理大帝（查理曼）登上西羅馬帝國皇帝之位，隔著地中海與伊斯蘭勢力對峙的八〇〇年。但是，西歐列強認為這樣太不光彩，所以生搬硬套把古代希臘、羅馬文明加進來，編造了彷彿西洋自古代以來便是文明中心的虛構故事。

但是，主宰近代世界的西歐，以前是被羅馬人視為野蠻人的日耳曼人世界。另一邊的希臘、羅馬文明，實際上定位為埃及和美索不達米亞文明的延伸，是地中海所孕育的南歐文明，與阿爾卑斯山以北的西歐，並沒有直接關係。儘管如此，歐美的歷史書敘述西歐歷史時，宛如源自於希臘、羅馬，稱之為「古典古代」。日本明治以後的中等教育，在世界史課本上也依循這個理論。但是，這種做法真是不可思議。

打個比方，這就相當於我們日本沒有西元前的歷史敘述，因而認為不太體面，便借用「同文同種」的中國歷史，將日本史的源頭從中國古代的殷商時代說起。但是，在十九世紀西歐優勢的時代風潮中，世人接受西方中心主義（Eurocentrism）為世界標準，也包含了這套不合理的歷史觀，而明治時代的日本也一味追隨。

古今東西，歷史學家往往是為當權者而服務。或者，就算不是為當權者服務，也是為自己所屬的集團（從家族、一族到國家等各種共同體）。自己的所屬集團源自於哪裡、有什麼樣的來歷？自己生活的世界（許多是地域世界）中，自己站在什麼樣的立場？希望了解這些，是人類的本能（知識欲）。

到了近代西歐創造的民主主義時代，終於賦予歷史學家盡可能客觀描述歷史、監視權力橫行的任務。這時候歷史學才得以成為一門近代純粹的學問。現代的歷史學可以定義為，對人類經驗過的大中小事件（短期波動），以及經歷時間緩慢變化的過程（長期波動），舉出具體證據，建立條理說明的嘗試。

但是，即使是現代世界，許多美其名是民主主義，其實近乎獨裁的國家，都強迫歷史學家對當權者服務。但同時，已經有相當民主主義化的日本等國家，陸續出版的歷史書不但迎合國家權力，也迎合民族主義風潮漸興的國民大眾，而且銷售數量有增無減。總之，世界上民主主義經年劣化，但人類仍未能發想出取代它的系統。這個話題令人背脊發涼，也是有關未來歷史學使命的問題。不過在討論歷史學使命之前，我們先來思考一下「權力」的本質吧。

二　歷史與權力、權威、宗教

■權力的本質

權力源自於何處？你只要看看猴子山裡的猴王就明白，那是種暴力。力氣大者統治弱小者。

然而，我等站在靈長類頂點的智人，與大猩猩、黑猩猩或日本獼猴不同。我們具有「智慧」，一對一肉搏中打不過的對手，我們會使用武器等工具，或集合群體與之對抗。智慧是活下去的力量。

我們直接的祖先——新人（晚期智人）在體格上，遠遠不及先發展的舊人尼安德塔人（早期智人）。但儘管如此，最後，新人即現代人打贏了舊人尼安德塔人，將他們逐出地球，成為唯一存活下來的人類，這全是因為新人運用槓桿原理，將投石器進一步發展，發明出將標槍投得更遠的強力武器「投槍器」，並靠著群體戰鬥。這一點是從最新的考古成果中發現的。

說起來，我們的祖先雖然發動過人類史上最殘酷的大屠殺、種族滅絕（genocide），但是根據最新的基因學者研究可知，非洲以外的現代人都含有百分之一到四的尼安德塔人DNA，比例視地區而異。也就是說，有一小部分尼安德塔人存活下來，經由通婚融入到現代人類當中。

權力的本質是暴力，暴力二字聽起來刺耳，但是在人類團體來說，換個軍事力量、警察力量的說法，大家應該就能接受了吧。現代雖然高呼男女平等，但是悠久歷史中，暴力一向是屬於男性。因為一般來說，男性的力氣比女性強，在以棍棒、刀槍、弓箭為武器的時代，男性遠比女性有利，因而維持了悠久的權力。

距今兩千多年前的《史記．匈奴列傳》中，如此描寫匈奴人社會以遊牧、狩獵為生、靠著騎馬戰鬥度過一生的社會面貌：

> 士力能毋弓，盡為甲騎。其俗，寬則隨畜，因射獵禽獸為生業，急則人習戰攻以侵伐，其天性也。其長兵則弓矢，短兵則刀鋋。利則進，不利則退，不羞遁走。苟利所在，不知禮義。自君王以下，咸食畜肉，衣其皮革，被旃裘。壯者食肥美，老者食其餘。貴壯健，賤老弱。

（成年男子能拉弓的，都是穿甲冑的騎兵。按其風俗，平日隨意遊牧，射獵禽獸作為生計。遇到戰鬥時，人人習熟作戰進攻，侵略征伐。這是他們的天性。遠距的兵器是弓箭，近身搏鬥的兵器是刀矛。有利就進攻，不利就撤退。不以逃走為恥。有利可圖便不顧禮儀。自君王以下都吃牲畜的肉，穿牲畜的皮革，裹著皮毛衣。壯年人吃油脂肥美的肉，老年人吃他們剩下的食物。人們尊敬健壯者，輕視老弱者。）

驅使人類的原動力在哪裡？答案是恐懼、欲望，換言之就是暴力與食欲、性欲、知識欲、所有欲（貨幣出現後又有金錢欲）。猴子山的猴王行為作風雖然典型，但動物支使動物的原動力是暴力，靠著它也滿足了食欲、性欲和所有欲。人類基本上也相同，但人類是有智慧的「思考的蘆葦」。所以一旦形成了共同體、社會，不只是暴力，錢財和超自然力（神、宗教）都會形成。而且暴力這個現實世界恐懼的來源，可以用錢財買得到，所以，暴力（軍事力）與財富（經濟力）結合成為表裡一體。

說到這裡，可以說權力的本質，就是暴力與金錢吧。這條真理到了現代也說得通。只要認真看看每天的新聞，就能一目了然。

■軍事力與經濟力

二〇一九年，《人類大歷史》的作者哈拉瑞接受日本電視節目的訪問時，他主張男女體力差距形成男性中心歷史的通論並不正確，因為在現代的公司組織裡，很常看到六十歲以上老年主管管理身體強健的二十多歲年輕人。

猴王一旦體力衰弱，就得把地位讓給年輕的公猴，然而，有「智慧」的人，即使自己沒有了體力，也可以謀劃各種策略。簡單的說，就是用金錢買下暴力。換句話說，小自保鑣，大至軍隊，只要靈活運用暴力裝置就行了。六十多歲的年老主管，可以支使二十多歲的年輕人，是因為公司的系統、經濟力，取代了體力（即暴力）發揮功能之故。不只是近現代，如果我們環顧整個古代，並不能說男女體力差距締造男性中心的歷史這種通論，全都是錯的。

這裡介紹兩段衝擊性的文字，來佐證男人統治女人的歷史現實。一則出自十三世紀的世界征服者成吉思汗，另一則是中世紀歐洲貴族的言論：

> 對男人來說，最大的快樂不外乎以下這幾件事，粉碎敵人，戰勝敵人，將他們滅絕，奪取他們的所有財產，讓敵人貴婦痛哭流涕。然後騎上敵人豐臀颯爽的駿馬，將敵人美貌后妃的小腹當成睡衣和被褥，盯著她們玫瑰色的臉龐，一再親吻，吸著

色澤如同乳頭般甜美的嘴唇。（拉施德丁〔Rashīd al-Dīn〕，《史集．成吉思汗紀》）

若有人對他人的名譽心生懷疑，只有以血才能去除屈辱，而且人生豈有比見到敵人在眼前逃走，他可愛女兒在腳下瑟瑟發抖更快活的事嗎？（哈拉瑞，《人類大歷史》）

回顧歷史，埃及的克麗奧佩脫拉、中國唐代的武則天、或是日本的卑彌呼、北條政子等，前近代之所以出現女性掌權者，只在她有父親、兄弟、丈夫，或者族人作為後盾，可以自由行使那些男性的經濟力和軍事力的時候，這麼說並非言過其實。當然，近代之後的統治者，如英國伊莉莎白一世、俄羅斯的凱薩琳二世、清朝的慈禧太后等的權力基礎並沒有改變。

即使是在現代，世界各地也看得到，不只是擴編軍事力的非民主國家，甚至由軍人掌握最高權力的軍事政權。不論什麼體制的國家，當權者為了保護自己的權益，甚至不惜動用暴力裝置，如果追求自由與民主主義的學生、僧人或民眾，展開集會或示威遊行，政府一方的警察就會宣稱其行為違法，而要求管制。若是民眾抗議，認為這樣的管制是一種暴力，而投擲石塊、汽油彈的話，就會被烙下暴徒的印記而遭到逮捕入獄。

「歷史不是判斷善惡的工具」（岡田，二〇一三a）。這句話確實是至理名言。我不認為

「正當的殺人」與「邪惡的殺人」有什麼區別。但是，在近代以前，幾乎所有王公貴族等號稱名門的掌權者，其祖先不是膂力過人、殺人無數的強者，就是富有智慧，靠著積蓄的財力，命他人大量殺戮的人，抑或是其職責可賦予當權者權威的宗教人物。所以，任何人都不需要為自己並非出自名門而感到卑微。

當然，到了近代的槍砲時代，單純的臂力變得可有可無。從諷刺的觀點來看，近代歐美社會女性人權的伸張，也許是因為力不及人的女子也能拿起來福槍或手槍，輕易打倒身強力壯的男人。二〇〇七年四月十八日《朝日新聞》的〈天聲人語〉提到，我們日本人很難想像美國把槍稱之為「帶來平等的裝置」。這個說法源自於西部開拓時代，只要帶著槍，就算對手人高馬大，也能與他平起平坐。但是，這段文字真的很有啟示性。美國至今仍是世界最大的小型武器保有國，也是出口國。根據二〇一九年三月《朝日新聞》的報導，全世界的槍枝數量至少有十億支，而全世界民眾持有的槍械，約有四成在美國。

■ 權力與權威

接著，我們要來討論本書另一個重要的主題「宗教」。

一般都將宗教視為和平的思想，但是實際上絕非僅止於此。因為神、佛等超自然力，雖然不會對身體造成暴力，但是有可能成為精神上的暴力。任何人聽到「神明或佛祖降災責罰」，都會害怕而畏縮。事實上，不論東方或西方，支持國家權力的法律，回溯其起源都是「神的律法」，因為刑罰都是為平息神怒的贖罪或犧牲（榎本，二〇一八），國家權力與執掌超自然力的宗教權威，從一開始就很容易結合。

西洋史上十分聞名的一〇七七年「卡諾莎悔罪事件」，就是為爭奪基督教神職人員的任命權，神聖羅馬帝國皇帝亨利四世遭教宗格列哥里七世破門逐出教會，不得不向教宗謝罪的事件。後來，基督教會將送交宗教審判，視為異端逐出教會作為常規手段，而且跨越了中世紀，直到近代都還繼續使用。「破門」這道律令對基督教徒來說，是個毫無道理的可怕暴力。因為不僅會受到「世人抵制」，而且連生命都失去保障。

在日本也發生過一次，元寇來襲為日本中世史上的一大危機，但是擊退元寇的不是武士們的戰力，竟然是靠著寺社祈禱，讓恢復神力的神明吹起神風所致（平，二〇〇八）。另外，在日俄戰爭時，俄羅斯正教的主教坐鎮俄羅斯軍艦，日本則由社寺佛閣為士兵祈求勝利，兩者都向神祈求打敗殺死對方。

進而奉宗教之名發動殺伐、戰鬥或戰爭的事例更是不可勝數。即使是日本，也有奧姆真理教發起的地鐵沙林毒氣事件，現代世界的蓋達組織和伊斯蘭國（IS），或伊斯蘭教徒自殺炸彈客的恐怖威脅記憶猶新。回顧歷史，腦海中馬上就會想起十一到十三世紀的十字軍東征，基督教徒與伊斯蘭教徒在地中海周邊不斷上演報復戰爭，以及十六到十七世紀西歐全境，基督教與新教徒發起的數次宗教戰爭吧。

支持權力的宗教

許多時候，宗教在受到權力給予社會性、經濟性的保護後，會發揮在精神面上支持權力作為回報的功能。也就是說，國教性的宗教會賦予權力以權威，就如現在於世界各地所見。伊斯蘭世界裡有句俗話說：「宗教與國家如同雙胞胎。」如它所象徵的，政治權力與伊斯蘭教關係之緊密，不須贅言。而基督教披覆的西方世界，八〇〇年，羅馬教宗李奧三世加冕法蘭克王國查理大帝（查理曼）為西羅馬帝國皇帝，接著到九六二年，教宗若望十二世為德國國王*鄂圖一世加冕為神聖羅馬帝國第一任皇帝。

在西亞地區，不論是西元前的阿契美尼德帝國，還是西元後的薩珊王朝，都以瑣羅亞斯

* 譯註：當時的東法蘭克。

德教為國教。另外，從八世紀中葉即席捲亞洲內陸的回鶻，則是奉摩尼教為國教，摩尼教雖然現在已經滅亡，但是它曾與佛教、基督教、伊斯蘭教並列為普世性宗教。回鶻自高昌回鶻王國時代將國教從摩尼教改成佛教，十一世紀，回鶻與西鄰伊斯蘭化的突厥人喀喇汗國交戰，在喀喇汗國的文獻中對回鶻的描述：「焚燒民房，破壞佛像，在那些地點設置清真寺與穆斯林團體。俘虜他們的兒女，令之為奴。」

在與權力或國家建立穩固關係這一點上，提倡個人解脫、與一神教迥異的佛教也是一樣。亞洲的佛教世界裡，古印度孔雀王朝的阿育王、貴霜王朝的迦膩色伽一世；中國有菩薩王之稱的隋文帝楊堅、唐朝的武則天；日本飛鳥時代的廄戶王（聖德太子）和奈良時代的聖武天皇等人的事蹟，最為人所知。聖武天皇在全國地方政府所在地，興建國分寺與國分尼寺，目的正是讓佛教護持國家。這種作為可以從隋文帝興建大興國寺、唐武則天興建大雲寺找到先例。當然眾所周知，將佛教傳入日本的朝鮮半島百濟、東亞漢字文化圈、直接自印度接受佛教的西藏（吐蕃帝國與其後政權），和從印度傳來佛教的東南亞各國，佛教都和王權有著密不可分的關係，就無需贅言了。

三 現代歷史學的使命

歷史學的三個分類與歷史學家的使命

歷史學屬於文科體系的學問，因此各種解釋都有魚目混珠的餘地。說得極端一點，就算是外行人靈光閃過的假說，也經常出現無法當場駁倒的現象。但是，如果說因此歷史學沒有邏輯方法論、思考法的話，倒也並非如此，毋寧說，歷史學是文科體系中最具有邏輯性的學問。

我將過去日日產出的歷史相關著作，大致分成理科式歷史學、文科式歷史學、歷史小說（含漫畫）等三大類。從擴大讀者「知識水平」的意義上，三者並無優劣之分，但是區別卻是清楚分明的。

不論什麼時代，交相稱譽「新歷史學」的學問，大多可以納入這種分類下的文科式歷史學的範疇。馬克思提倡的唯物史觀也是其中之一。雖是了不起的觀念、思想，但是它的推測也多，隱藏著某天會被具體事實推翻的危險，事實上到了二十世紀末，這個危險果然成為現實。

所謂理科式歷史學，指的是根據歷史資料（文獻史料與考古、美術資料等合併稱之），進行縝密邏輯推演，充分經得起他人的檢驗，也就是可以做到理科所謂「再驗證」的學術論著。

為了解開某個歷史現象或是語言現象，首先要鉅細靡遺整理、蒐集相關的歷史資料，接著，如果是文獻史料，不論是哪一種語言都要進行解讀，對一字一句的解釋都要取得佐證（也就是以同時代人的眼光）來正確解釋。如果是考古遺物、美術資料的話，就要從各種角度切入，進行徹底的分析。到了這個階段，最關鍵在於解釋必須得到萬人的肯定，不能自以為是。以這種方式重新完整檢驗前人研究而確認的事實（鉅細靡遺閱讀前人的研究內容），再與已經毫無疑問的事實組合起來，就得以查明真相。這裡面看不到輕易妥協或類推，也看不到大膽的推測。所以，如果有人問「這豈不很乏味嗎？」倒也並非如此，其實「事實比小說還懸奇」。

話雖如此，不論是文獻史料還是考古、美術資料，絕大多數都是湊巧留存下來，從這裡用理科式歷史學分析解明的事實，只不過是點和線，若想將它擴大為面，也就是建構歷史這個故事，就不得不進行「推論」來填補空白。堅持學術良心進行推論的是文科式的歷史學，不負責任的便是歷史小說。

話雖如此，我對歷史小說也並非一概否定。只要不至於脫離正確傳達時代氛圍的基本原則，即使多少有些幻想和誇張，但只要依循時間軸整理過去，在與其過去的關係中確認自己的位置，則對孕育我們的歷史意識還是很有助益。

其實，我個人也非常喜歡歷史小說，其中漫畫也包括在內。如果要我舉幾個例子的話，《三國志》自然不用提，井上靖著作，以宋朝、西夏爭戰的時代為背景，也是我國絲路文學先驅的《敦煌》；杉本苑子所寫，描寫奈良時代長屋王之變的《穢土莊嚴》；生動描寫江戶時代日本經由對馬，與大陸之間關係的辻原登著作《韃靼的馬》；以持統天皇為主角，里中滿智子的長篇漫畫《天上之虹》等。

歷史是history，本來「說」（story）的性質就很濃厚。在日語中「說」（katari）的發音與「騙」相同，這一點實在耐人尋味不是嗎？歷史迷可不能輕易被歷史小說誆騙。

根據史料批判與實證為基礎，以「事實發現」為主的理科式歷史學，畢竟只是建立文科式歷史學，或良心歷史小說骨架的材料，並不是最終目標。但相對地，經常訴諸感性與情感的文科式歷史學與歷史小說，有時會被利用為政治宣傳的工具，這種危險應特別留意。

理科式歷史學、文科式歷史學構成了歷史學的學問，而文科式歷史學與歷史小說則屬於素養的範疇。因此，我認為專業歷史學者的使命，是將全力的七到八成放在理科式歷史學，把二到三成放在文科式歷史學上。也就是說，儘管以理科式歷史學為基礎，同時也要建構有故事性的歷史。但是，從事後者工作的時候，即使強烈表達自己的歷史觀，但同時也必須堅持絕對無意識形態的立場。藉此才能發揮阻止政治意圖下濫用神話或傳說、捏造民族歷史等行為的角色。

超越時空的教養──古代史的重要性

了解歷史雖然不能填飽肚子，卻能滿足心靈。

在四大文明時代，人們只為了在壁畫和裝飾品上畫出群青色，而使用高價的青金石作為顏料。直到十九世紀法國的尚─巴蒂斯德．基梅（**Jean-Baptiste Guimet**）才首次成功研製出這種顏色，他在巴黎的理工大學學習化學之後成為企業家，發明了人造顏料「基梅藍」（**bleu guimet**），價格只要青金石的四千分之一，因而一夜致富。

他的兒子艾米爾．基梅（**Émile Guimet**）繼承了其財產和事業，是現在法國國立基梅東洋美術館（巴黎）的前身，基梅宗教博物館（里昂）的創立人。艾米爾．基梅對擁有古老文明的國家十分有興趣，因此周遊世界，尤其對埃及文明著迷，此外，明治時代他也來過日本，留下這樣的記述：

我自己是企業家的兒子，又是工廠廠長，平常都常與勞工們接觸。我總是費盡心思維護工人們的身心健康，因而創設了學校、講座、音樂社團、共濟組織等。但是我發現哲學之道或宗教的創始者也有同樣的想法。老子、孔子、釋迦牟尼、瑣羅亞斯德、摩西、柏拉圖、耶穌、穆罕默德等都為他們的時代提出解決社會問題的方法。（中略）我之所以創設宗教博物館，旨在為勞工帶來幸福。

以上是摘自艾米爾・基梅部分日本旅行記《明治日本散步　東京・日光》書末的解說。負責解說的尾本圭子（前基梅美術館職員）提到，艾米爾・基梅就任廠長五十周年紀念酒會上，員工致詞說：「如果所有的雇主都像基梅這樣，就不會發生社會問題了吧。」尾本小姐指出，他建立音樂廳，讓音樂陶冶員工的素養和娛樂、先於國家設置共濟組織和年金制度、重視教育開設學校和講座，應該是馬克思、恩格斯出現的時代中，他身為經營者想到的解決方案吧。

最近日本有重視立竿見影的理科類學問，輕視文科類學問的傾向。進而到了二十世紀的最後二十五年，甚至產生文化人類學、社會學、民俗學漸漸取代歷史學角色的風潮。來到二十一世紀的現在，雖然說過這種話的人趨於低調，不過在歷史教育的現場，認為歷史只需教日本史就好，或是即使教世界史，也只教近現代史就好的風潮，也有愈來愈明顯的趨勢，為什麼會這樣呢？

在解析現代世界發生的種種現象時，歷史學可以自由穿梭時間與空間，發揮比較力和結合力，在邏輯上找出因果關係，正是它可以與政治學、經濟學、文化人類學、社會學、民俗學等一爭長短之處。連歷史學者之間，也開始出現主張把重點放在近現代就好的短視者，所以被文化人類學、社會學等社會科學挑毛病，敗給以地域研究為代表的「美國型非歷史主義」。但我們不能忘記歷史學的精髓在時間，只有歷史學能夠培養從縱軸（時間軸）研究人類「知識水平」的能力。

現代存在的所有事物（物質世界和精神世界都包含在內），全都是歷史的產物。所以，現在的一切都能用過去來說明。從每個個人的食衣住形態、語言、思考模式、審美觀、道德觀、宗教等，所有組成人類行為的基礎，全都是在人類自幼兒成長的過程中，從周圍給予的取捨選擇而形成的。當然，圍繞在個人周遭的語言形式、社會經濟制度、國家體制等，也都是歷史的產物。文化包含了語言和宗教，是社會群體共有的知識總體，但是如果國家間、民族間不能互相理解因為不同文化而產生的不同歷史，就不可能和平共存。這些不同必須從古代史中學習。如果不從古代史開始學，連日本為什麼會成為佛教國家都無法知道。

其實，存在一個以統一時間軸，重新排列世界所有地區、國家歷史的標準，是全球性世界史成立的必要條件。這個標準目前只有基督元年（西曆）。但是如果不學古代史的話，根本不知道基督原本與西方毫無關係，而且羅馬帝國迫害基督教長達三百年以上。

如果以從古代開始談世界史太辛苦為由，而只看近現代史的話會怎麼樣？即使在今日，教育界和新聞界所說的世界史，都有著根深柢固的西方中心史觀，若是到了近現代史，這種傾向更是明顯。不止如此，世界先進文明全都源自於歐洲——這種荒謬絕倫的偏見已深植人心。現在日本人也有熱愛西方名牌，鄙視亞洲的傾向，大學師資的配置也悉數偏向西方學問。

不同於明治時代一味以文明開化為目標，努力倣傚歐美，在第二次世界大戰後，日本在多位歷史學者的努力下，證明了近代以前悠久歷史中，亞洲才是世界中心，並且將這個論點反映在教科書上。經過一萬一千多年前的農業革命後，人類經過美索不達米亞文明、埃及文明、印度河文明、中國古代文明等史稱四大文明的開花結果，在西亞、印度、中國誕生了延續到現代的世界性宗教，十三世紀蒙古帝國的出現，才首次產生了真正的世界史，這幾乎已經成為一種常識。然而今日如果將世界史教育侷限於近現代史的話，則西方中心史觀的復活指日可待。

學習歷史的意義——認識自我與批判權力

以前被問到學習歷史的意義時，我預備了一個老套的答案：「學習過去，活用於現在，開拓光明的未來。」但是說實話，歷史無法預測未來。就算是預測了，也大多失準。只有過去發生過的事，我們才能正確理解到某種程度。如果不能長期從過去注視，不要說國際情勢，就連國內發生的種種現象或事物的現狀分析，都不可能做到。

歷史學雖然沒有預測未來的能力，但是，不論是在國家、企業的政策和方針，或是個人的人生規劃，歷史學都能成為「指引」。不認識事實，就產生不了新的判斷。了解個人、家庭、親戚等的血緣；公司、學校等的組織；鄉鎮村里等地域社會；民族、國家、文化圈等的由來，然後研究自己在世界中的身分認同，凝視腳邊，獲得活在世間必要的判斷基礎，這一點十分重要。了解自己是什麼人，也就是了解自己祖先是什麼人（根源出自哪裡），身分認同的主幹就是歷史。

任何人都看得出來，人類的歷史也就是活生生的戰爭史，殺人、掠奪領土、歧視與剝削的歷史。但是，戰後到二十世紀末的五十年期間，日本人可以無償接受小學、中學教育，不用被迫當兵在戰場上殺人、被蠻橫拆牆炸屋，即使不是有錢人也能享受到相對美味的食物、穿著美麗的衣裳，也能撥出時間娛樂自己，體驗到人類史上最幸福的時代。這都是因為沒有徵兵制和戰爭的緣故。

然而，即使是民主主義國家，尤其是中低收入的年輕人志願從軍，最後被送上戰場不得不舉槍殺人的例子並不少見。美利堅合眾國就是個很好的例子。自戰後到二十世紀末的五十年，究竟有多少日本人領悟到自己不只是日本史上，更是世界史上最幸福的時代？

進入二十一世紀，國內貧富差距擴大，霸凌、仇恨言論橫行，國外恐怖攻擊、戰爭此起彼落，狀況日益惡化，但唯獨戰爭，我們必須絕對避免。「憎恨」是人類的本能，其強度不下於「欲望」，但是教育和素養可以控制引發戰爭的「憎恨」與「欲望」。很遺憾地，即使到了現代，「殺一人犯了殺人罪，殺萬人卻成英雄」這句話依然通用，對外戰爭或對內的權力鬥爭中，指揮士兵大量殺人的人成為英雄的現象，無疑是個諷刺。有幾個國家的當權者理應被判教唆殺人罪，但現實卻非如此。

人類世界存在著許多階級差距與歧視，人種歧視、民族歧視、賤民歧視、男女歧視、實學與虛學的歧視、學歷造成的求職歧視等，所有的歧視今後也不會消失吧，但是，歧視這種概念，幾乎全是「勝者為王」理論的勝利者製造出來，對自己有利的人為行為，如果從歷史去追根究柢的話，就會發現它毫無學術上的根據。學習歷史的意義之一，便是了解歧視沒有學術根據，為被歧視者打一劑強心針。

在大學執教多年以來，最令我驚訝的是在某大學上完課後，學生問我：「國立大學的教授可以批評權力嗎？」當時驚訝過度為之啞然，連想回答的氣力都提不起來。不論是國、公立或是私立，歷史學教師的一大使命就是監視權力，因此，才培養學生批判精神。不容許這種教育的國家，根本算不上民主主義國家。

從國家權力的立場來說，最高學府乃是「知識的溫床」，但也隱含著危險，可能成為批評政權的溫床，所以可以說是必要之惡。歷史學者必須在政治上盡可能保持中立，並且採取超越意識形態的立場。但是當現代民主主義的根基快要崩垮時，當然必須反抗。只有擁有選舉權的大眾輿論，能夠壓制現今當權者的專橫。希望歷史學家能努力培育出「有智慧」的大眾。

儘管國家體制有所不同，但是二十一世紀全球要面對的問題，是環境問題和人口問題。

從歷史上來看，戰爭不時抑制住人口暴增，雖然令人驚恐卻是事實。然而，我希望大家體認到戰爭才是最大的環境破壞者，今後，具有國際社會涵養的成員，彼此貢獻智慧讓所有軍事、經濟、政治上的衝突，朝向解決、絕不發動戰爭的方向前進。不毛之地產生不了智慧，只有素養的累積才能產生。而我們完全不需要沒有歷史涵養的政治人物。

PART 1
歐亞世界史的基本結構

圖　蒙古草原的牲畜群。作者攝影。

一 人類史的潮流

這一章裡，我想先綜觀一下自己所認為的世界史大流向，並為主舞台的「中央歐亞」和「絲路」下一個定義。

在近代以前，也就是十五世紀前的世界史，主要的舞台在舊大陸，而當時的舊大陸，是以歐洲與亞洲合稱的歐亞大陸為中心，其中也包含埃及等非洲北端的地中海沿岸。因此嚴格的說，應該稱為歐亞非大陸。本書中許多地方所提到的歐亞，便是歐亞非的簡稱。

人類的誕生與擴散

人類誕生於七百多萬年前，非洲東部的大地暫是所有人類的故鄉。最早出現的猿人在二百萬到一百八十萬年前進化成直立人之後，在一百八十萬年前走出非洲，遷移、分散到世界各地。而到了五十萬到四十萬年前，同樣在非洲東部進化的舊人尼安德塔人（早期智人）離開非洲，從西亞擴散到歐洲，部分到達東方的中亞。而最後一批約二十萬年前（有不同的說法）在非洲更加進化成我們直接祖先的現代人（新人，晚期智人），在約十萬年前（一說是七萬年前），如同直立人和舊人一般，從埃及越過西奈半島，或是從衣索比亞一帶渡過紅海，出走非洲進入西亞，再從西亞往歐亞大陸東西方遷移。附帶一提，蒙古人種到達日本列島是在四萬到三萬多年前。

當然，上述的直立人、舊人、新人「出走非洲」恐怕都是小規模的團體，而且不只是一次，而是重複了好多次。學會用火是從直立人開始，但是新人才開始懂得穿衣服。而在新人離開非洲前後，才會說明確的語言，所以時間晚得令人意外。

過去曾認為黑人種（**Negroid**）與白人種（高加索人種，**Caucasoid**）、黃人種（蒙古人種，**Mongoloid**）分屬不同的祖先，但現在從粒線體DNA的基因研究發現，現在生活在地球上的人類，只有智人一種。簡單的說，從非洲出走之後，擴散到歐亞東部的民族，就是後來的蒙古人種，擴散到歐亞西部的便是後來的高加索人種。留在非洲的就成了黑人種。

話說回來，人種只不過是十八世紀歐洲散播的權宜概念，是用老式生物學（換句話就是文科式生物學）按照表面觀察與經驗的水準，依據皮膚顏色、骨骼等特徵所做的粗略分類。只以這種文科式生物學標準，無法明確為散布在近代世界的人類分類。因此，是將每個包含語言、風俗、習慣、神話等，文化相同、有同族意識的群體（稱為民族）概括的結果，分成三個大集團，然後分別稱為蒙古人種、高加索人種、黑人種。

近年，藉由「分子人類學」利用各式各樣基因，進行統計學解析（也就是理科式生物學）後得知，從基因來看，人種之間差異是極為連續性的。像是蒙古人種有北方系和南方系兩個群體，而本以為阿伊努族較接近高加索人種，但後來證實他們是蒙古人種。日本人的祖先區分為「阿伊努系與沖繩系的祖先集團」，與「本州系的祖先集團」，兩個團體都是北方系的蒙古人種。

蒙古人、高加索人與黑人之間，存在著很多灰色空間或稱為漸層區。也就是說，膚色、眼珠顏色、髮色等的不同，是在現代人遷移、擴散之後形成的。人種相當於生物學上的亞種或變種，人種的不同，是離開非洲之後擴散到世界各地時，不同環境造就出來的，並無優劣之分。二〇一九年三月二十八日的《朝日新聞》提到，美國人類遺傳學會發出「譴責將遺傳學用於人種歧視的意識形態」的聲明，此外，美國科學促進會總會也表示，人種歧視毫無科學根據。

中央歐亞大陸是指？

在研究內陸亞洲史與亞洲史概論上，留下重大足跡的松田壽男主張「三風土帶說」，他將亞洲大陸自南到北分成濕潤亞洲、乾燥亞洲、亞濕潤亞洲三塊。松田的這套「三風土帶說」也可以涵蓋整個歐亞大陸，即（1）濕潤歐亞是東亞、南亞季風帶，也就是總括整個亞洲的濕潤地帶，（2）乾燥歐亞是指中央歐亞和印度西北—西亞的草原、沙漠和綠洲明顯的乾燥地帶，而（3）亞濕潤歐亞則是從堪察加半島越過西伯利亞，到斯堪地那維亞半島的北歐亞大陸，再加上大部分歐洲大陸的半濕潤地帶。

本書屢屢提到的中央歐亞，意指歐亞大陸的中央地帶，東起中國舊滿洲西部，西至匈牙利，南自西藏高原，北到西伯利亞南邊。大約是分布在北緯三十五到五十五度的乾燥地帶。十九世紀以前的居民以遊牧民和綠洲的農民、都市居民為主，森林草原地帶的半農半牧民和狩獵民為副。

中央歐亞最大的地理特徵就在於是少雨的乾燥地帶，因為與大西洋、印度洋、太平洋、北極海等包圍歐亞大陸的大洋都距離遙遠，雨雲無法企及。尤其是占有中央歐亞大部分的亞洲內陸，由天山—錫爾河線分成南北兩半，這條線以北是東西連綿的草原地帶，南部則是沙漠地帶。具體來說，草原地帶是滿洲西部草原、蒙古草原、準噶爾草原、哈薩克草原、南俄羅斯草原、烏克蘭草原、匈牙利草原。沙漠地帶則是戈壁沙漠、塔克拉瑪干沙漠、克孜勒沙漠、卡拉庫姆沙漠等。

中央歐亞另一個地理特徵是就是山峰高聳重重相連。最典型的是阿爾泰山脈、天山山脈、帕米爾高原、崑崙山脈、喀喇崑崙山脈、喜馬拉雅山脈、興都庫什山脈等超越四千公尺的山峰。因此即使從海上有雲飄來，也會被大山脈阻擋，變成雨或雪等水分落下，凍結變成冰河。這種冰河形成天然的巨型水壩作用，供應雪溶水或地下水。

中央歐亞的大山脈，與日本人想像的山脈，格局大不相同。舉例來說，天山山脈東西長達二千公里以上，南北的寬度也有一百五十到三百五十公里，大小幾乎是整個日本列島。海拔四千公尺以上的地方就是冰河，以下是塌礫堆，

圖1　天山山脈的隘口。海拔4,000公尺附近的夏日景色。作者攝影。

再往下至一千五百公尺到三千公尺的地帶是整片的草原。太陽照不太到的山陰坡面形成針葉林，從這裡再往下，來到海拔一千公尺附近會成為沙漠，但是在河水流過或有地下水湧出之處，分布著綠洲。

從東亞農耕文明圈、南亞農耕文明圈、西亞農耕文明圈，以及地中海農耕文明圈來看，中央歐亞都是個地處偏遠的邊陲，但是如果把視角對調，這些大農耕文明圈都位在中央歐亞的周邊。因此，通往這片沙漠、綠洲地帶與草原地帶兩側的交通路徑，自古就十分發達，現代人稱它為絲路。

■ 絲路是什麼？

首先，我想澄清一下大眾的誤解，實際上，地表上並沒有一條有著「絲路」這個美麗名字的道路，終究只是概念上的路徑，那只是為了解釋中央歐亞在前近代歐亞歷史中的重要角色，所使用的學術用語。十九世紀末到二十世紀初，最早使用這個用詞時，是穿越中央歐亞沙漠地帶「綠洲之路」的代名詞。

但是，自明治以來，日本的東洋史學有了顯著的發展，開拓東西交流史學的領域，將視野擴大到北方草原的遊牧民，和南海的海洋民族。於是絲路不僅是指「綠洲之路」，也包含貫穿中央歐亞草原地帶的「草原之路」、從中國經東南亞、印度到達西亞的「海上之路」。

尤其草原之路主要是由日本人研究者發現，而且如同我在研究所的鄰桌同事林俊雄一再強調的，草原之路是連結歐亞大陸東西最短的路徑（林，二〇〇九、二〇一九等）。如果要反映現在東洋史學界的水準，陸上絲路應該將綠洲之路和草原之路合併解讀。本書中的絲路也涵蓋了這兩者的意義。草原之路也包含了著名的天山北路，但是從北中國的北京一帶行至蒙古草原，越過阿爾泰

圖2　蒙古草原鄂爾渾河流域的空拍照。作者攝影。

山脈之後，還有一條並非南下天山北路，而是直行西方的北側道路。

接著我想再澄清普遍流傳對絲路的錯誤印象。絲路既不是只連結東西的數條幹線道路，也不是兩千多年前漢朝張騫所開拓的路徑。中國的絲從更早之前就傳到西伯利亞南部和地中海周邊。而且，並不是單獨的商人從長安千里迢迢搬運過去，而是數名短距離、中距離往來的官方使節或民間商人，以接力的方式轉運過去。也就是說，由於張騫單槍匹馬沿著已經存在的絲路，越過帕米爾高原，來到阿姆河流域的大月氏國領域旅行，所以才被誤解為絲路的開拓者。

關於絲路這個用詞的變遷史，我把篇幅留給前著《絲路、遊牧民與唐帝國》，這裡

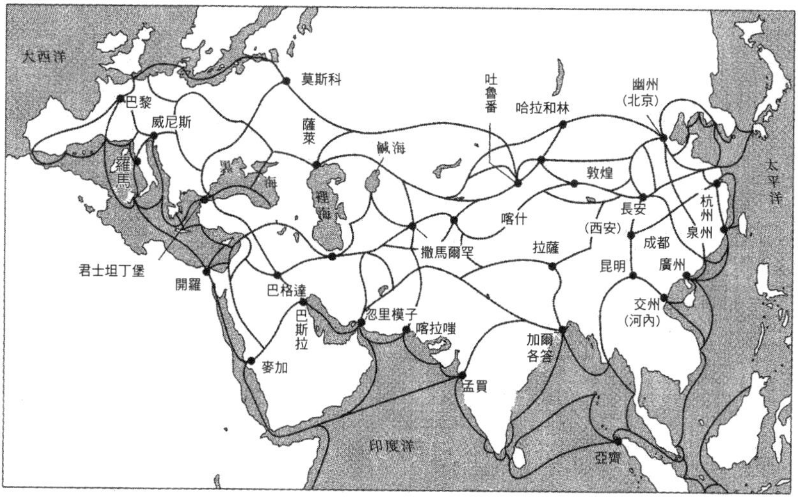

圖3　絲路網絡的概念圖。

闡述我的定義當作結論的話，絲路就是「在近代以前，連結歐亞東西南北的高級商品流通網絡，和文化交流的舞台」。它不只是大家以前印象中，只連結東西的交通路線，也是遍布南北的道路網。無數網絡的交錯點大多是交通的要地，這些地方發展成大大小小的都市，成為交易和文化交流的舞台（圖3）。

說得更深入一點，在近現代，全球化世界的交通、物流中心已偏離中央歐亞，遷移到連結大洋的海路時，在學問上使用這個名詞不太恰當（參照本書第一一五頁）。從我的立場來看，絲路地帶指的是前近代的中央歐亞。

■世界史的八個階段

對歷史學家而言，「時代區分」是一種清楚表現其歷史觀的概念。過去世界史的時代區分，最具代表性的是古代、中世紀、近代，或是古代、中世紀、近世、近代、現代等單純的區分法，以及風靡二十世紀的馬克思主義歷史學所創的「世界史基本法則」，即原始共產制↓奴隸制↓農奴制（封建制）↓資本主義↓共產主義的區分。

相對於這種區分，我從以前就主張在農業發明後的世界史，應按以下的方式區分時代，也就是將世界史分成八個階段，每個階段的年代指的是世界史第一次出現該現象的時期。不過，地區的不同也會有相當的時間差，應特別小心。

過去的世界史一方面受馬克思唯物史觀的強烈影響，所以一向採取生產力為主的概念。換言之，就是農業地域中心、農耕都市文明中心的史觀。雖然並沒有錯，但卻是片面的。因此，不只是生產力，我也把關注點放在軍事力與經濟力（糧食生產力、工商業與能源），與其背後的資訊傳達能力：

世界史的八個階段（長期波動）

①農業革命（第一次農業革命）　約一萬一千年前開始。
②四大文明的出現（第二次農業革命）　約五千五百年前開始。
③鐵器革命（較晚的第三次農業革命）　約四千年前開始。
④騎馬遊牧民集團的出現　約三千年前開始。
⑤中央歐亞型國家強勢時代　約一千年前開始。
⑥火藥革命與海路造就的全球化　約五百年前開始。（因為火藥革命，人們從「陸地與騎射」時代轉變成「海洋與槍砲」時代）

⑦工業革命與鐵路、蒸汽船（外燃機）的出現　約二百多年前開始。
⑧汽車、航空器（內燃機）與電信出現，約一百多年前開始。

這個時代區分的特徵，是讓隨著絲路展開的前近代中央歐亞歷史，與世界史相互連動，所以設置了「④騎馬遊牧民集團的出現」與「⑤中央歐亞型國家強勢時代」的時代區分。

近年來，結合人類史和氣候變動的研究日益興盛，提倡比較文明學的伊東俊太郎將文明的發達分成人類革命、農業革命、都市革命、精神革命、科學革命五個階段，他主張這些革命全都發生在氣候寒冷化時期。這裡所說的都市革命，與我的「②四大文明的出現」時期相當。另外，精神革命的觀點來自於卡爾．雅斯培（Karl Theodor Jaspers），指西亞猶太教、印度佛教和耆那教、後世尊為儒教和道教始祖的孔子與老子等中國諸子百家，進而以畢達哥拉斯、蘇格拉底、柏拉圖、亞里斯多德為代表的希臘哲學家，都在西元前五到前四世紀左右一齊出現的現象。但是，這個現象與軍事力、經濟力、資訊傳達能力都沒有關係，所以並未列在我的時代區分中。

另一方面，以研究隋唐時代為中心的中國史權威，也一直在研究前近代歐亞史的妹尾達彥，則是將四到七世紀從草原地帶開始的遊牧民大遷徙、十六到十八世紀西歐人的海外開拓期，視為兩大區隔，而將世界史分成三段（妹尾，二〇一八）。

因此，時代區分依各研究者的想法，各式各樣都有，我並不排斥伊東或妹尾的看法。但是，不管怎麼說，古代、中世紀、近世、近代、現代的時代區分十分方便，所以，今後也會相對上為各文化圈和各國所沿用，但是並不能成為絕對性的世界標準。

此外，依我的看法，在世界全球化以前，也就是在前近代，世界史的主要舞台在舊大陸，也就是只有在歐亞大陸和北非。因為前近代時期在撒哈拉沙漠以南的非洲、南北美洲、澳洲等新大陸的人類文明，受到近代歐洲人攜入鐵器、馬、病原菌、槍砲大量屠殺而破壞（Diamond，二〇〇〇），並未連結到之後的全球世界史。總而言之，以本書的立場來說，早於近代世界史的前近代世界史，就等同於前近代歐亞世界史。

二　歷史時代的濫觴——農業革命到鐵器革命

那麼，我便依序概略說明，我所主張的世界史的八個階段。

人類大約在七百萬年前出現在地球上，那幾乎是與石器一同遷移生活的時代。我們直接的祖先——現代人（現代智人）的歷史約為二十萬年左右。直到一萬一千年前左右才好不容易發明了農業，進入歷史時代。如果以一年來比喻人類史，定居農業生活的開始相當於十二月三十一日的中午。

■第一次農業革命

在人類發明、獲取農業前的漫長舊石器時代，理論上這個地球上的人口上限為二千萬人，但是據推測，實際上只有五百萬到一千萬人。但是，氣候變動等自然環境的變化，引發糧食危機的惡劣條件，反而成為成長的原動力，人類在西亞某地想出了栽培糧食的點子，也就是發明農業。自此之後，地球人口集中到適於農業的地區，並且不斷增加，我將它稱為「①農業革命（第一次農業革命）」。

當然，雖然稱之為革命，但不是我們現在所想像的那種激進行動，這一點務必留意。連近代的工業革命據說都經歷了五十年到一百年，因此舊石器時代人類，從石器形態的演進，到火和弓箭的使用，與開始穿著衣物的變化，所需的時間都是以十萬年到百萬年為單位，其間的農業革命時間，大致可以抓個數千年左右。例如：在日本，即使繩文時代早期就栽培栗子，但是規模並沒有大到對社會結構帶來巨大的變化，日本的農業革命還是應該訂在繩文時代末期到彌生時代的稻作傳播和普及。所以，不論再怎麼早，距離西亞的農業革命晚了八千年左右。反倒是日本，由於擁有世界數一數二的豐富天然資源，光是靠狩獵採集（包含漁業）就能生活，所以可以說並不完全需要農業。靠著沒有農業也能定居的生活方式，在繩文時代早期出現了目前來說世界最古老的土器。

依據近年綜合氣候變遷與人類史的研究，農業的發明是在一萬三千多年前，起因於最後的冰河期結束，氣候轉為溫暖、濕潤，獵捕採集動植物變得容易，人口增多之後，氣溫卻驟然「轉回嚴寒」的「新仙女木期」。也就是說，原本的暖化使得人類濫捕大型草食動物，造成物種減少，之後「轉回嚴寒」使得森林、草原的植物果實、野生穀物類、根莖類大減，陷入糧食危機，所以才發明出栽培食物的點子。常有人說「需求為發明之母」，農業就是從這裡開始的，它可以說是人類最偉大的發明，甚至比電腦更了不起。

全世界農業發明的地點，有人主張一元論，認為是西亞的「肥沃月灣」或其周邊。但也有人主張多元論，農業是分別在各地發生的。不管是哪種論點，可以確定的是最早的農業絕對不是發生在大平原，而是西亞森林與草原接壤地帶，水源充足、靠近山林的地方（安田，一九九五ａ）。由於西亞適於農耕的野生種植物有一百五十種以上，因此在草原上反覆試驗下，最後選擇了大麥、小麥、裸麥等麥類，和碗豆、小扁豆、蠶豆、鷹嘴豆等豆類。這些植物都是低矮的一至二年生草，而且種子大，適宜栽培。以前的研究認為農耕開始後，人類才定居下來，但是現在普遍的看法認為是先定居之後，才開始了農耕生活。

另外，關於飼養家畜的畜牧起源，從前說法歧異，不過現在學者大致認為應該是人們在西亞定居開始農耕生活後，才有畜牧的發生。當然，選擇的家畜不是小型好養，就是大型溫馴的動物，首推綿羊、山羊，其次是豬、牛等。這些動物的原生種也都曾經棲息在西亞。

尤其是羊，現在仍然是人類飼養的家畜，從ＤＮＡ分析的研究證實，所有的羊科動物祖先都溯源到西亞原產的亞洲摩弗倫羊。牠是在西元前八千年紀被馴養為家畜，西元前四〇〇〇年到前三五〇〇年因為突變，出現了可以獲取羊毛的羊。相對地，脾氣暴躁的大型動物，如馬、駱駝馴化的時期，遠比綿羊、山羊、豬和牛晚得多，而且馬與雙峰駱駝馴養的地點，並不是西亞，而是原產地中央歐亞。

四大文明

從農耕、畜牧發祥地經歷了向四面八方傳播的幾個階段（雖然有相當程度的時間差），進而在非密林的大河流域，即乾燥地帶大河流域的肥沃沖積平原上，人口出現了爆發成長，產生了都市國家文明。具體來說，位置在北緯二十到三十五度中緯度高壓帶而形成的乾燥地帶，像是西亞的底格里斯、幼發拉底河流域、埃及尼羅河流域、印度西北印度河流域，這些地區靠著大規模灌溉，因而大量生產穀物，尤其是麥子和豆類，從而開創了都市國家，這個階段我命名為「②四大文明的出現（第二次農業革命）」。

大文明發生的基本，即是生產豐富的穀物足以養活大量的人口，而只有在容易取得廣大的耕地和水，即使在沒有鐵器的時代也不需要大肆開墾，並且有作物生長需要的充足日照和氣溫上升的地區，才有這種條件，也就是舊大陸，即包含非洲北部的歐亞大陸的大河流域。反之，非洲赤道下方的剛果河流域、印度恆河流域和南美亞馬遜河流域，即使有河水流經、氣候溫暖，但因為雨量多形成叢林，所以條件不合。因為沒有鐵器就無法開墾叢林。

只不過中國的黃河、長江（揚子江）流域，並不像是上述三個地區的乾燥地帶，所以並不好取得廣大的耕地，然而可能因為除了粟、黍米之外，還有生產力高的稻米，所以可以與前述三個地區幾乎同時期或是稍晚，也建立了同樣的都市國家文明。

此外，直到不久前提到中國古文明時，就是指「黃河文明」，但是近來主張長江文明因稻作而領先發展的風潮愈來愈強。但是，長江文明沒有文字，所以我並不認同長江文明是獨立的文明，應與黃河文明合併成為「中國古代文明」。因此，美索不達米亞文明、埃及文明、印度河文明與中國古代文明加起來，稱為世界的「四大文明」。（圖4）

近年來，著眼農業發明與自然環境關係，已有了不少研究。其中的一位，環境考古學家安田喜憲便強調，不管是西亞農業、長江流域稻作農耕，或是黃河流域旱田農耕的誕生，都是位於森林與草原等不同生態系

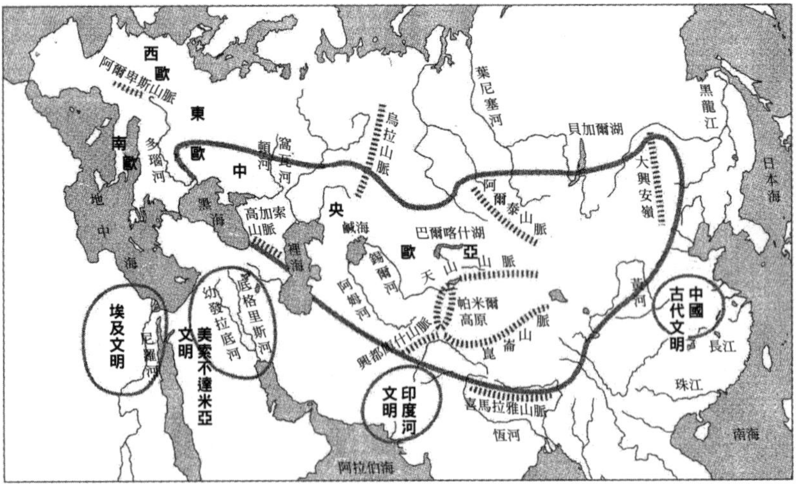

圖4　中央歐亞與四大文明的位置關係。

的夾縫。

在現在的歷史學界，由於文化相對主義主張，除了上述四個文明之外，還有許多古文明存在，不應只專注於這四個文明的研究，因而「四大文明」這個名詞愈來愈少用了。事實上，歐美並沒有「四大文明」這個專有名詞，不過在日本這已經是個很熟悉的用語，所以我認為應該正名為「所謂的四大文明」。但是在高中教育剔除世界史必修項目，正是在不可遺忘古代史重要性的現在，為了對抗西方中心史觀，我才刻意強調「四大文明」的意義。

這四大文明共通的特徵，（1）都市國家，（2）發明文字，（3）執行政教合一的神權政治。與此同時，（4）大河流域的定居穀物農業發展和畜牧農業帶動了人口爆發。（5）大量剩餘的穀物促進了非生產人口（王族、祭司、官僚、職業軍人、商人等）的增加，以及（6）金屬器具（多為青銅器）的使用。這些條件的完備乃是關鍵，即使只缺少一項，都無法列入四大文明之林。

而近代歐洲視「地中海文明」為極重要的古文明，並且明顯有奉之為本身源流的傾向。地中海文明是指米諾斯文明、邁錫尼文明，一直到希臘、羅馬的古典時代。但是近年來有研究者指出，地中海文明是受美索不達米亞文明和埃及文明影響而衍生的文明，而且也不算是西歐文明的直接源流，我也贊同這個看法。

鐵器革命

兩次農業革命之後，西亞人發明了鐵，再度大大撼動了人類史，所以在①和②之後而來的便是「③鐵器革命」。

人工生產的鐵，有別於從天空落下的隕石鐵，過去人們認為是西元前二千年紀前半，早於小亞細亞（安納托利亞）西臺人的某個民族所發明，後來西臺王國獨占了製鐵技術，視為最高機密。但是根據最新的研究，這個定論出現了鬆動。不管怎麼說，西元前一二〇〇年左右，某個來歷不明的「海洋民族」入侵，消滅了西臺人後，促使整個西亞進入鐵器時代，鑄造精良武器的製鐵技術，從當地傳布到歐亞各地。

根據最近的研究，中央歐亞的草原地帶，從西元前五世紀以前就懂得使用正式的鐵器，而且幾乎同一時期，歐亞的大農耕文明圈裡的鐵器不只是兵器和工具，用鐵製造的和平農機具也普及全境，使得農業生產力大幅提升。也就是說，不只是透過使用雨水的乾地農法，讓地中海周邊、黑海周邊、伊朗、中亞、北中國的可耕作範圍一舉擴大，而且即使在農業先進地區，也看得到農業的長足發展。這種現象，我命名為第三次農業革命。

從此開始，舊四大文明時代只有小領域的都市國家，漸漸被擁有廣大領土的大帝國所取代。最早出現的典型例子有西亞的亞述、波斯阿契美尼德王朝、安息帝國等。接著在地中海地區有馬其頓（亞歷山大帝國）、羅馬（從共和國→帝國），印度有孔雀王朝、貴霜帝國，而中國則出現了統一戰國七雄的秦漢帝國。四個區域都出現了疆域廣闊的大帝國。

如上所述，我的「世界史的八個階段」的每個時代，指的是全世界最早出現該現象的時期，鐵器革命在舊大陸接近完成，經歷了約一千五百年，因為歐亞世界實際進入鐵器時代是從西元前一千年紀開始的。因此，我的世界史的八個階段第三段，並不單單取名為「鐵器革命」，而是「③鐵器革命（較晚的第三次農業革命）」。但是在能操作鐵器的四大領域國家（帝國）出現前，還需要另一個革命。

那就是從馬的家畜化（西元前四千年紀）而進化的雙輪戰車出現（西元前二千年紀），以及隨後騎馬遊牧民組成的騎馬軍團出現（西元前一千年紀）。馬是建立最強戰力與最快資訊傳達力的基礎，不管農業生產力或購買力再怎麼高的大農耕文明圈，在近代以前，只要沒有馬的存在，就無法建立大帝國。

三 戰爭、交流、全球化的時代——從騎馬遊牧民的出現到現代

騎馬遊牧民的出現

中央歐亞位於歐亞大陸的正中央，是由廣大的草原、沙漠和點綴其間的綠洲所組成。雖然中央歐亞在①到③的人類史時代較晚出現，但是都有趕上。整體來說，中央歐亞雖然是一大片乾燥地帶，但其中較有水流經的綠洲和大山脈的山中河谷，漸有農業和畜牧散播開來。根據研究，該時期是發生在西元前六到五千年紀，在此之前的中央歐亞應該是純粹狩獵採集民的世界，人口密度極低。

只不過當地雖然散播農業和畜牧行為，但是從自然環境來看，不用說可居住空間有其限制。連最能獲取可耕地的中亞粟特、巴克特里亞、費爾干那，以及塔里木盆地周邊一帶，到了西元前一千年紀的後期，發展出許多都市國家，但是都還沒有成長為領土廣闊、擁有多民族的領域國家。

但是有趣的是，水情遠比綠洲簡陋，根本不適合人類居住的廣大草原、半草原地帶出現

了騎馬遊牧民，終於創立了強大的遊牧國家，足以對南方擁有都市的農耕文明地帶形成嚴重的威脅。我們接下來就來回顧其興起的過程。

世界各地都有野生馬棲息，但只有中央歐亞將馬馴養成家畜。中央歐亞原產的馬是在西元前三五〇〇年左右為人類馴養，大約與西亞發明車輛並普及的時期重疊。最初只用於食用，經過了相當一段時間後，終於也懂得利用馬奶。繼而中央歐亞也出現了組合牛與車輛的牛車，牛的牽引力強，即使用三塊木板架起的重板輪車也能拉動。牛車對農牧複合經濟的發展貢獻厥偉。

而到了西元前二〇〇〇年左右，發明了輻條，實現車輪的輕量化和大型化。於是讓馬拉二輪車的馬戰車，在中央歐亞或其與西亞接壤的地帶出現。於是，西元前二千年紀，馬、戰車與青銅器所代表的文化，席捲了舊四大文明地區，這一部分留待下一章再來說明。但馬戰車在中央歐亞內部如何發揮效用，目前尚不清楚。順道一提，西元前二〇〇〇年左右，蒙古或其周邊已馴養了雙峰駱駝。

下一階段，即人類直接騎在馬上，自由自在馳騁，這種騎馬技術的完成，對中央歐亞本身而言具有極重大的意義。在中央歐亞與馬群日夜相處的人們，到了西元前一〇〇〇年前後，藉由備齊了馬銜、轡、鞍等馬具套組，終於出現了純粹的騎馬遊牧民，每個人都能自由操縱騎乘馬匹。這在我的時代區分中，便是「④騎馬遊牧民集團的出現　約三千年前開始」。

雖然前面提過，不過鐵製武器並不是一進入西元前一千年紀就已普及，最初武器還是以青銅器為大宗。話雖如此，如果想要掌握大潮流的話，可以說西元前二千年紀是馬戰車與青銅器時代，到了西元前一千年紀，就成了騎馬與鐵器的時代。

從遊牧國家轉變為中央歐亞型國家

西元前一千年紀之後，到歐洲各勢力經由火藥革命（火槍武器的實用化）

圖5　蒙古草原的馬群。1994年，作者攝影。

操縱世界的近代為止，長達兩千年以上的時間，騎馬遊牧民勢力一直是驅動世界史的一大原動力。

最早的典型是西方的斯基泰人與東方的匈奴人。直到最近，日本高中世界史的課本或輔助教材中，使用了「斯基泰文化」這個術語，作為騎馬遊牧文化的代名詞。斯基泰文化最值得注意的三要素是（1）動物紋飾，（2）馬具（尤其是馬銜），（3）武器（三翼鏃與塞西亞短劍）。而且，研究者認為斯基泰文化從中央歐亞的西部，即歐洲方面傳播到東方，形成匈奴文化。

然而，在最近的研究中，騎馬遊牧文化的源流反倒是從中央歐亞的東部，擴大傳播到西方的學說愈來愈具優勢。十九世紀，歐洲率先發展近代歷史學與考古學，所以從鄰近他們的地方開始積極挖掘，斯基泰的研究早於匈奴等東方騎馬遊牧民的研究，因此自然也將他們定位為起源較早。但是，從舊蘇聯的阿列克謝・泰勒諾斯金（Alekse Ivanovich Terenozhkin，烏克蘭）、米海爾・格里亞茲諾夫（Mikhail P. Gryaznov），以及日本的高濱秀、林俊雄等人的挖掘和研究，證明了前述的學說並非事實（林，二〇〇七、二〇一〇；草原考古，二〇一九）。

西元前五世紀，希羅多德的《歷史》，是西方史料中最早將斯基泰人征服四方描寫得活靈活現的紀錄。但是，當時是否能不能將斯基泰稱為「國家」，否定的見解似乎占大多數。相對而言，活躍於西元前二到一世紀的司馬遷，在他所寫的《史記・匈奴列傳》中，明確顯示匈奴已到達「國家」的階段。因此，學界認定匈奴才是史上最早的「遊牧國家」，並且評斷它是在中央歐亞興亡長達一千五百年以上的遊牧國家、遊牧帝國的源流。

所謂遊牧國家，是指遊牧民為主體的國家，平時人民依部族、氏族、家族等大小群體，過著遊牧生活，到了戰時，則聽從特定領導者的率領，幾乎所有成年男子都成為騎馬戰士（參照本書第一七頁）。話雖如此，但是實際上是個複合式的國家，有時會間接統治定居地區的農民、工匠、商人，有時也配合需要扶養內部的人民。最早期的遊牧國家之一——匈奴，便與位於南側的中國秦漢帝國和西域（塔里木盆地）的綠洲都市國家相抗衡。

而後，在東側持續威脅秦漢帝國的匈奴，在一到二世紀時一再分裂後衰微，其中一部分遷移到西方。遷移的過程中如同滾雪球般，與其他遊牧民整合，重新壯大勢力，終於在四世紀以匈人的形態，出現在中央歐亞的西邊，壓迫住在當地半農半牧的印歐系日爾曼各族，最後引發了東哥德、西哥德、汪達爾、勃艮第、法蘭克等日爾曼人的大遷徙，導致四七六年的西羅馬帝國滅亡。日爾曼人並不是騎馬遊牧民，但是以畜牧為生，而且滅了西羅馬帝國的日爾曼人，據說使用的是騎馬戰術。

過去，學界對匈人匈奴同族論持有爭議，但如果能認同匈人是由多民族組成，呈滾雪球式擴大的論點，就毋需懷疑其核心就是匈奴人。從文獻上，四世紀的粟特文古代書簡中將匈奴稱為匈人的事實，以及考古學上前述的高濱、林等人對金屬製容器「鍑」的研究，便幾乎證明了這一點（草原考古，二〇一一、二〇一九）。

匈奴敗給漢帝國之後，部分族群開始朝西方遷徙，而在東方，經歷過魏、蜀、吳三國戰爭，導致民生疲弊、人口劇減，留在東方的匈奴等五胡（匈奴、鮮卑、氐、羌、羯）融入了中國本土。後來，統一了三國的西晉，在八王之亂（二九〇到三〇六年）的內亂中，利用了五胡的武力，這也使得五胡的民族遷徙更加活躍。結果，西晉在永嘉之亂（三一一到三一六年）時被匈奴所滅，此後五胡成為五胡十六國這個動亂時代的主角，最後，五胡其中之一的鮮卑族拓跋氏於四世紀末建立北魏，四三九年統一了北中國。包括漢人因西晉滅亡向南移動建立東晉，這場在歐亞東部發動的民族遷徙，其規模幾乎可與同時代歐亞西部日爾曼人的遷徙相匹敵。

此後，騎馬遊牧民勢力總是在中國史的重大分水嶺上發揮影響力，例如：支持唐建國的突厥，以及在安史之亂中，解救唐於瀕亡狀態的回紇（鶻）。十世紀之後，突厥系的沙陀突厥建立的後晉、後唐、後漢、後周，契丹（蒙古系）的遼，党項（藏系）的西夏，女真（通古斯系）的金朝出現，統治北中國。到了晚近，更不用說統治全中國的元朝和清朝，分別是由蒙古族和滿洲族（通古斯系）所創建。

說到另一頭，歐洲自從匈人之後，又陸續受到阿瓦爾、保加爾、可薩、馬扎爾、佩切涅格、欽察等亞洲遊牧民的入侵。並且與拉丁族、日爾曼族、斯拉夫族的印歐民族等融合，對東歐—中歐的新民族形成有所貢獻。

另一方面，位於中國與東歐之間的中亞到西亞一帶，突厥遊牧民族的活動變得更加顯著，尤其是突厥、回鶻、葛邏祿、烏古斯、塞爾柱土耳其等。六到十一世紀，建立了突厥第一汗國、突厥第二汗國、回鶻汗國、可薩汗國、高昌回鶻王國、喀喇汗國、加茲尼王朝、塞爾柱王朝等。

我將九世紀後期到十一世紀前期的「漫長十世紀」定位成中央歐亞型國家並立的時代，也是歐亞世界史的一大轉捩期，因而設定為「⑤中央歐亞型國家強勢時代」。

中央歐亞型國家的崛起

所謂的「中央歐亞型國家」是遊牧國家的發展形態，特徵在於金字塔式的統治體制，以遊牧王族和心腹親衛集團為頂點，以及中央、左右翼分統體制和十進位法的軍民組織等。人口較少的「北方」遊牧民勢力為核心，除了騎馬軍團的軍事力與絲路提供的經濟力外，汲取他國文書行政的技術，建構起一邊在草原上過去的大本營留下立足點，但同時穩定管理「南方」人口較多之農耕、都市民眾的系統。因此，他們必然對異族、異教十分寬容，盡可能善用那些勢力，成為一個多民族、多宗教、多語言的複合性國家。

這些國家都是西元前十世紀左右，於中央歐亞崛起的騎馬遊牧民在約二千年的時間，一再掠奪、征服富饒的農耕和定居地帶，或是與該地定居民眾建立納貢及交易關係，循著反覆成功和失敗的經驗，辛辛苦苦建立起的國家。有的見解斷定這些國家是雙重統治帝國。從東邊按順序來看，契丹族的遼帝國、突厥系的沙陀各朝（五代的後唐、後晉、後漢、後周四朝）、党項族的西夏王國，以及以下全為突厥系的甘州回鶻、高昌回鶻、喀喇汗國、加茲尼王朝、塞爾柱王朝、可薩汗國等類型相同的國家，於十世紀前後的中央歐亞，如同念珠般由東向西排列。

十二世紀也與中央歐亞型國家的系列相連，從東到西依序為金朝、西夏、高昌回鶻、西遼（喀喇契丹）、喀喇汗國、花剌子模、魯姆蘇丹國並列。而十三世紀出現的蒙古帝國，便是中央歐亞型國家的完成形態。

十三世紀初期，蒙古民族在成吉思汗的率領下崛起，建設了跨越歐亞全境、史上最大的陸上帝國，從這一刻起開始了真正融合為一的世界史。總之，歷史世界的「場域」，超越了過往各「地域」和「文明圈」，首次擴大到歐亞世界全域。藉由完整的驛站網發展的陸上絲路與海上絲路連成一氣，人、物、文化的交流呈現空前盛況。在此之前，歐洲人因伊斯蘭勢力的妨害，而中斷了與亞洲的接觸，但到了這個時代，便能取得誇稱世界最富饒的遠東情報。有關蒙古帝國在世界史上的意義，岡田英弘、杉山正明的論述更為詳盡。

只要讀過《馬可波羅遊記》便知道，在這個時代到亞洲旅行的馬可波羅，絲毫沒有歐洲勝於亞洲的偏見或自我陶醉。眾所周知，該書中「黃金之國」（Cipangu）的記述，讓後來的西歐人開始對「富饒的亞洲」產生了憧憬，製造出征海外的契機。現在甚至可以說，正因為蒙古主宰了歐亞，才引發義大利的文藝復興運動。我們不能忽略象徵文藝復興的繪畫是從蒙古時代東西交流中產生，以人為本位、脫離隸屬於神的思想的人文主義，是受到亞洲，尤其是當時世界最先進地區的中國影響。

以蒙古馬首是瞻的世界統治經過了百年左右後瓦解，但是隨後在中亞出現了帖木兒帝國，西亞則為鄂圖曼帝國所統治。一四五三年，東羅馬帝國的首都君士坦丁堡被鄂圖曼帝國占領，東羅馬滅亡。西方的史學界將此事件視為中世紀的結束，此後是近代的開始。但是我們不能忘了神聖羅馬帝國殘存下來、成為西方基督教圈的盟主，經歷了鄂圖曼帝國包圍維也納的大危機後，終於在十七世紀末奪取匈牙利全境的事實。

現在可用繼承蒙古的概念來涵括的國家，有橫跨西亞—北非—東歐的鄂圖曼帝國、歐亞西北部的俄羅斯帝國、伊朗的薩法維王朝、印度的蒙兀兒帝國，以及從東亞橫跨到中央歐亞東部的大清帝國。

在滿洲清朝史上開闢新領域的杉山清彥是我的學生，他做了以下的統整。在蒙古帝國治下集大成的大範圍、多民族統治技術，例如：從成吉思汗家族看見的王統至尊化、出身與成績同樣看重的人事運用、從定居社會等多樣地區和團體拔擢人才、文書行政上多語言運用的架構、迅速連結大範圍的驛傳網、根據職能與信仰進行集團掌握與自治委任等，在帝國瓦解後仍然由帖木兒帝國、薩法維王朝、蒙兀兒帝國、清朝等後起帝國繼承下來（杉山，二〇一六）。

西歐列強稱霸世界

西歐在世界史上大放異彩是進入近代，擁有羅盤、火槍大砲，以及視情況需要連馬匹都能載運的外洋航海船，駛向印度洋和太平洋，獲得豐厚財富之後的事。

其中的先驅西西里王國的繁榮，和隨後文藝復興時代威尼斯、熱那亞、比薩、佛羅倫斯所代表的義大利各都市國家的發達，畢竟都是靠著經由地中海，與東方貿易（黎凡特貿易）帶來的財富支持，這種貿易模式從蒙古帝國時代便漸漸興盛。

蒙古政權垮台之後，由於馬穆魯克王朝與鄂圖曼帝國等土耳其伊斯蘭勢力的介入，阻擋了義大利與波斯以東、盛產辛香料和高級織品的亞洲世界直接貿易。西方人用盡心思想與物產豐富的亞洲直接洽談，試圖避開伊斯蘭的阻礙，結果就是「發現」了非洲最南端的好望角和新大陸，進入所謂的「大航海時代」。

西班牙、葡萄牙、荷蘭、英國、法國、德國等海岸連著大西洋的歐洲諸國，憑藉外洋航海船、火槍、大砲等新的軍事力，從原住民手中奪走了美洲大陸和澳洲，主宰非洲、亞洲，在各地開闢殖民地。因而我將這個階段稱為「⑥火藥革命與海路造就的全球化」。另一方面俄羅斯還是靠著火槍、大砲為主體的軍事力，向東侵略亞洲的內陸，殲滅了最後的遊牧國家準噶爾，與清朝國境接壤。

於是，西方各國靠著從新領土和殖民地巧取豪奪農產品、地下資源等各種物產，而變得富有，大力發展本國的文化和學術。眾所周知，歐洲從新大陸掠奪了大量的金銀，但是同時，過去在歐亞大陸中植物品種較為貧瘠的西歐，也從新大陸傳來馬鈴薯、玉米、番薯、南瓜、番茄、辣椒、落花生、四季豆等栽培植物來獲取最大的裨益。於是西歐人口增加，在軍事、經濟上漸漸凌駕亞洲，並透過工業革命，而讓世界的中心明確轉移到西歐。這個階段是「⑦工業革命與鐵路、蒸汽船（外燃機）的出現」。

話雖如此，英國的工業革命是為了製造取代亞洲產棉布的替代商品，才發展起來的。川北稔的研究中明確闡述了這一點（川北，二〇〇八）。附帶一提，川北稔是將伊曼紐・華勒斯坦（Immanuel Wallerstein）的世界體系理論引介到日本，而聲名大噪的學者。也就是說，印度輸入英國的棉織品（印花棉布）觸感遠勝過去的毛織品，也很容易染織和洗濯，因此產生爆炸性的需求，從印度等亞洲地區的進口供應不及，不得不試著在國內製造，這便是推動革命的主要原因。後來促進了紡紗機和織布機的革命，最後更因為蒸汽機的實用化，帶動了交通革命。

歐洲藉由火槍、大砲等武器獲取了世界最強大的軍事力，並且靠它打倒了數百年支配歐亞世界的陸軍力，意即以騎馬射箭的騎馬軍團為主力的軍事力，進而靠著發明蒸汽機的動力取代馬力，最後登上世界霸主的寶座。而且，由於統治非洲、亞洲、美洲的廣大殖民地，歐洲首度變得比亞洲富裕，政治、經濟、科學技術、藝術、文化都有了很大的進步。

歐洲當中，荷蘭、法國、英國、德國為代表的西歐，位於歐亞大陸的西方邊境，與東方邊境的朝鮮、日本在對極的位置。也就是說，從發生於乾燥歐亞大陸的四大文明來看，西歐是個「鄉下地方」，永遠單方面從亞洲本土獲得許多好處，偶爾也承受強大壓力，處在被動的立場。

就像日本人在明治以降的武力侵略之後，漸漸對亞洲產生優越感，歐洲人對亞洲人萌生優越感，最早也是在十八世紀武力侵略之後的事。在繼承蒙古帝國的鄂圖曼帝國、薩法維王朝、蒙兀兒帝國、清朝並立的十七世紀為止，不論在經濟力或軍事力上，歐洲，尤其是西歐從來沒有贏過亞洲。

亞洲與歐洲的勢力真正開始翻轉，是在一六八三年鄂圖曼帝國第二次圍攻維也納，威脅神聖羅馬帝國失敗之後。即使如此，到十八世紀前半為止，從海上進軍稱霸世界的西歐列強，可以支配的領土面積和人口，都還是遠遠不及歐亞大陸繼承蒙古的鄂圖曼帝國、薩法維王朝、蒙兀兒帝國、清朝所統治的領土和人口。

史稱十六世紀是西班牙、葡萄牙的時代，十七世紀是霸權國家荷蘭的時代，而十九世紀則成為霸權國家英國的時代。當然，二十世紀是美國（或說英美聯盟）與蘇聯雙極結構的時代。二十一世紀又會是什麼樣的時代呢？

PART 2

騎馬遊牧民的機動力

圖　在蒙古布古特（Bugut）遺跡遇到的騎馬民。作者攝影。

一　馬的家畜化

原產於中央歐亞的馬

本章想把焦點放在源自於中央歐亞的世界史大變革。這起大變革就是「馬的家畜化」與馬戰車、騎馬技術的出現，以及與其密切相關，以印歐語系與阿爾泰語系為代表的突厥系騎馬遊牧民集團的大遷徙。

為人類世界史開篇增色的四大文明，全都是在北緯二十到三十五度的溫暖地帶發展起來，靠著以穀物為主的農業與附隨的畜牧業支持。相對地，中央歐亞大約在北緯三十五到五十五度，除了沙漠地帶夏季的白天，整體上都屬於較冷涼的地區，並不適合初期的農業。

在四大文明的時代，不論是發源自中央歐亞、後來建功立業的印歐語系，還是突厥系、蒙古系、通古斯系的阿爾泰語系，都還沒有登上世界史的主舞台。他們生活在中央歐亞的草原或沙漠地帶，靠著生產力低的畜牧和狩獵，有些地方配合小規模的農業，過著勉強餬口的生活，人口密度也很低。

但是，西元前三五〇〇年左右，即與我的世界史的八個階段中，「②四大文明出現」的同一時期，中央歐亞草原地帶發生了對後來人類史造成巨大影響的大變革，那就是中央歐亞原產馬的家畜化。

大家也許不太注意到，在最早將綿羊、山羊、牛、豬馴養的「肥沃月灣」等四大文明地帶，看不到任何野生馬的蹤跡。在「③鐵器革命」與「④騎馬遊牧民集團的出現」之後，動盪的歐亞世界史中，成為主角的印歐語系、阿爾泰語系，以及馴養的馬，全都來自寒冷的中央歐亞，而非四大文明繁榮溫暖的地區。

最初，中央歐亞雖然是個只有狩獵採集民族的世界，但是在農業革命後，最先傳入的是農耕，不久後也傳入綿羊、山羊、牛等家畜的飼養。但是，他們並未因此立刻轉變為純粹的遊牧民。在廣大草原、半草原的大部分地區，水源極端稀少，他們根本難以生存。然而，中央歐亞各地都有原產馬，從遠古就是人們狩獵的對象。綿羊、山羊、牛等家畜的飼養技術傳來後，他們必然會一再嘗試著將馬馴養為家畜。

於是到了西元前三五〇〇年左右，中央歐亞的原產馬終於成為家畜。地點應該是在裡海周邊—天山山脈北麓—蒙古廣闊大草原帶的某處。近來最有力的論點是哈薩克，但是可能相當早就傳播到中央歐亞全境。不過，一開始的目的只是為了食用，經過了相當久的時間才利用馬奶。

美國人類學家，同時也精通考古學、語言學的大衛．安東尼（David W. Anthony）認為，西元前四千年紀時，中央歐亞草原的各部落大多會騎馬（Anthony，二〇一八）。他的主張太過獨特，實在很難相信，但是他認為馴養野生馬的主要原因，在於具有牛、羊所沒有的能力，這一點頗受認同。冬季時草原積著厚厚的雪或是結凍，綿羊、山羊和牛吃不到草原的枯草，但是，馬可以用馬蹄撥開積雪、切開冰塊吃到草。也就是說，不用耗費人力。人們注意到牠的優點，因而將馬加入家畜的行列。這對生存在中央歐亞的人來說，從很多意義上都大有助益。

■馬戰車

從西亞傳來車輛（牛車）與青銅器的普及，到了西元前二〇〇〇年左右輻條的發明，實現了車輪輕量化、大型化開始，誕生了由兩匹馬裝載青銅製馬具，拉著二輪車的馬戰車。

照以往的通論，馬戰車是西元前二〇〇〇年以後，在西亞誕生的。但是一九九二年，烏拉山脈東南部草原的辛塔什塔（Sintashta）遺跡群挖掘報告出爐後，出現了輻條式車輛在稍稍早於西元前二〇〇〇年，發祥於中央歐亞草原地帶的可能性（荒，二〇一四）。不管怎麼樣，目前最古老的金屬製馬銜，出現在剛進入西元前二千年紀的歐亞草原中央、西部地帶到西亞一帶，而且它是裝配在牽引車輛的馬匹身上。

於是，西元前二千年紀，先進農耕文明地帶的北邊（即中央歐亞草原帶）出現了印歐語系，他們裝備了當時最強軍事力的馬戰車，傳授新的軍事技術，自己也從事軍事性的征服行動，引起民族的遷徙和混雜等，為舊四大文明地區帶來巨大的衝擊。

其中最具代表性的，是西元前二千年紀活躍於西亞的米坦尼、西臺，以及從伊朗高原東部到西北印度的雅利安人，其次是到了西元前一千年紀，擴大發展的希臘人、羅馬人祖先的各集團。在他們之間，騎乘馬戰車的戰士們地位崇高，是眾人尊敬的對象，其象徵性表現在希臘和印度神話中出現的眾神，尤其是太陽神，都騎乘著馬戰車。

此外，中國（商朝）自西元前二千年紀後半開始，也出現了馬戰車，是從西方經由中央歐亞傳播過來的，透過這中間各地的岩壁畫資料（圖6）便可以證明。

騎馬遊牧民的特性

進入西元前一千年紀，人類發明了直接坐在馬上的騎馬技術，這也是以相當快的速度普及到中央歐亞全境。於是中央歐亞西部有辛梅利亞人、斯基泰人和薩爾馬提亞人，中部有塞迦，東部有月氏、烏孫、匈奴、東胡等印歐語系和阿爾泰語系的騎馬遊牧民在歷史上發光發熱。此外，包含我在內，過去經常使用「遊牧騎馬民族」這個術語，因為很容易與近代概念的「民族」搞混，所以最近也都改稱「騎馬遊牧民」了。

中央歐亞的原始畜牧民（也從事農耕和狩獵）成為騎馬遊牧民之後，他們基本上是將綿羊、山羊、牛、馬、駱駝五畜合併飼養。曾經主張日本的騎馬民族征服王朝說，*為戰後讀書界注入活力的江上波夫，將這些家畜稱為「會走的魔法罐頭」，形容牠們是「化學變化機」，從人類無法食用的貧

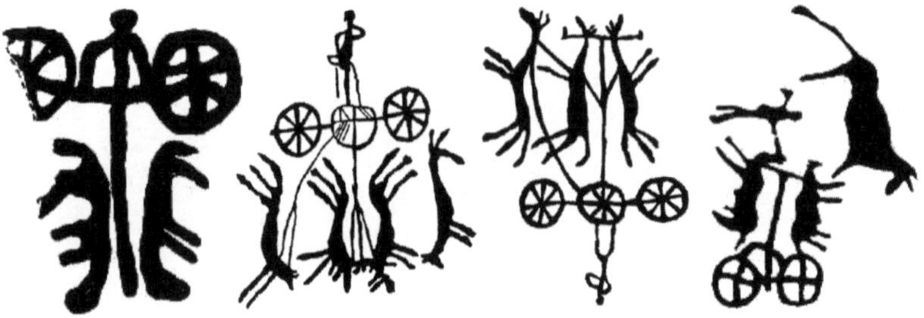

圖6　中央歐亞各地留下的二輪馬車壁畫。

瘠草地製造出奶與肉，可謂真知灼見。

奶的營養價值極高，還是奶油、起司、優格等乳製品和酒的原料。肉可作為食物，毛皮作為衣服、被子、繩子的材料，進而製成皮袋等容器，毛可加工為毛織品和布料，成為帳篷、地毯、衣服。總之，家畜涵蓋了衣食住一切需求。不只是如此，連動物的糞便都是植物纖維團，曬乾就是寶貴的燃料，此外，牛、馬、駱駝和某些地區的犛牛、驢等大型家畜，還能成為遷移或搬運的工具。只是每單位面積的人口扶養力，完全比不上集約式的穀物農耕地。而且要養活一小群人也需要相當的家畜數量，以及提供這些家畜充分草糧的廣大土地才行。

只有成為騎馬遊牧民，才有可能在水源稀少的廣大土地遷徙，以及透過少數的人管理大量家畜群。如果沒有騎乘的馬匹，絕對辦不到，所以騎馬這個創意，造就出以畜養家畜為主要生計的新集團。而這個嶄新的騎馬遊牧民出現，也使得中央歐亞廣大的草原地帶，終於轉變為人類可以居住的空間。中央歐亞草原地帶的騎馬技術在西元前十到九世紀左右急速進

＊譯註：日本歷史學家江上波夫提出的日本起源假說。指東北歐亞騎馬民族統治了南朝鮮，不久以弁韓為基地進入日本列島，於四世紀後半到五世紀統治位於大和一帶的原有王朝，彼此合作成立大和朝廷，成為征服王朝。

化，而騎馬遊牧民的出現促進了快速輕裝騎馬軍團的誕生。

但是，當這類騎馬遊牧民在中央歐亞各地出現，家畜、人口增加之後，接著又要追求更大的牧草地，或是可以躲避風雪來渡過酷寒冬天的良好營地，因而紛爭也變得更頻繁了。人口增加不但是文明發展的基礎，同時也是戰爭的主因。騎馬遊牧民在中央歐亞嚴酷的自然環境中，以少數的人照顧多數的家畜，有時還要與狼對抗才能存活，因而意外培養出強韌的體魄、精神力和迅速的判斷力。也就是說，騎馬遊牧民必然具備高超的戰鬥力與機動力。

騎馬遊牧民擁有如此卓越的機動力，所以當一股大勢力從這些集團彼此爭鬥中嶄露頭角時，便出現了史上第一個遊牧國家。而當他們將深具威脅的軍事力刀口指向南方的農耕文明地帶時，人類的歷史便進入了新的篇章。

在第一章第二節中，我舉出西元前一千年紀歐亞地方鐵器（武器、工具及農機具）的普及，作為西亞亞述、波斯阿契美尼德王朝、安息帝國；地中海地區的馬其頓、羅馬；印度的孔雀王朝、貴霜帝國，以及中國秦漢帝國等大領域國家誕生的背景。但是必須強調另一個同樣重要的元素，那就是騎馬技術的普及與騎馬軍團的引進。如果沒有這兩者，即使在南方大農耕文明圈，也絕對不可能成立大領域國家。

■馬戰車與騎馬的不同

兩人乘坐馬車，一人操縱馬匹，另一人持弓箭射擊的戰車，對農耕和都市居民來說，比較容易嫻熟。但是，在西元前一千年紀，還沒有發明在馬上穩定身體的馬鐙時（馬鐙是三世紀後半在中國本土發明的），單人騎在馬上騎射的技術對農耕和都市居民而言極為困難，很難追得上從小就騎馬訓練的騎馬遊牧民。現代人很容易誤解，比起製造馬車讓馬拉車，直接跨坐馬上操縱馬，反而是後來才發明的「高度技術」。

早在西元前二千年紀的馬戰車時代，甚至更早、只有板車輪的牛車時代開始，家畜肯定就已經是「會走的魔法罐頭」了，但是只靠牛車或馬車還不能算是真正的「遊牧」。把家畜帶到離開固定居住地放牧的「移牧」，和以冬營地為據點，春夏秋移動幾個據點持續放牧的「遊牧」，有著根本性的不同。「移牧」的話，用牛車或馬車就可以，但是若要長期陪伴家畜，深入缺乏飲水、草木貧瘠的乾燥地帶，不只是需要擠奶和將奶加工、製作成可保存乳製品的技術，還必須有高速行動的方法，也就是騎馬，否則難以達成。也就是說「遊牧」是高度發達的一種畜牧形態。

馬車和牛車基本上只能在平地使用，但是實際上中央歐亞的大地起伏多變，不只是平原，山中也有被河川或湖泊阻隔的草原，有些地方是半沙漠，也有險峻的高山，騎馬的話就能自由自在馳騁。總而言之，我必須強調只有騎馬才是遊牧生活的基本條件，它遠比馬車等技術更優越。一個人徒步能放牧的羊約為一百到一百五十頭，騎馬的話，掌控的羊群可以達到五倍、十倍以上。用馬車的話不僅辦不到，在坡度陡的土地或小河多的地方很難回轉，甚至比徒步更糟。

進而以軍事力來說，馬戰車軍團與騎馬軍團的機動力也有天壤之別。因此直到近現代還有騎兵隊的配置。如果只靠馬戰車，就無法用「遊牧」這種新技術，將中央歐亞的廣大草原帶轉變成適於人類居住的空間，孕育強盛的遊牧國家。另外，中國商朝時代也積極引進馬車，但是過了近千年，騎馬習俗才普及。

至於安東尼等部分學者調查中央歐亞出土的大量馬骨，從馬齒磨蝕的狀態，確認有安裝連結韁繩的馬銜痕跡，因而主張早在西元前四千年紀，人類就會騎馬，遠比馬車出現早得多，但尚未被學界所接受。但是，最晚在西元前二千年紀時，西亞出土的黏土板上就已顯示騎馬為事實的證據。話雖如此，在這個階段，人類騎馬並沒有馬鞍，而且不是騎在馬背，而是馬屁股上。馬銜的使用也不普及。總而言之，騎乘的方法不安穩，並沒有實用到任何人都能輕易騎上馬，所以並不能與騎馬遊牧民的出現畫上等號。

對真正的遊牧民而言，騎馬是生活不可缺少的必要技術，連女子、小孩都必須學會。不管怎麼說在西元前一千年紀初期，所有人都學會騎乘法的騎馬遊牧民勢力出現，運用適合馬上射箭的短弓（複合弓）組成騎馬軍團，成為驅動世界史的原動力。今後，就算考古挖掘出土的馬齒或骨頭研究如何進展，也不會撼動這項史實吧。

二　歐亞的民族大遷徙

依據地理學者應地利明的觀點，在人類史上有意義的全球規模「遷徙與定居」有三大轉捩點。（1）智人（現代人）的「出非洲」，（2）蒙古人種的擴散，與（3）近代歐洲人的擴散（應地，二〇〇九）。當然現在的話還應該追加（4）黑人奴隸從非洲到新大陸的遷移。但是我想把這四點擱在一邊，把焦點放在歐亞史上四大民族的遷移。那就是（1）印歐語系大遷徙，（2）五胡大遷徙，（3）日爾曼民族大遷徙，（4）突厥民族大遷徙。這四次遷徙都是從中央歐亞發生，而且與馬的家畜化息息相關。

■印歐語系大遷徙

這裡我想先說明前面就已出現過的「印歐語系」或「阿爾泰語系」等「語系」的這個用詞。「語系」本來是語言學上的用詞，是「從同一祖語分支出來各語言的總稱」，但在歷史學上「語系」多用於指稱說這些語言的人群。當然，它與「人種」沒有關係，也與「民族」

相異，另外，「語系」的下一級分類單元是「語族」。

印歐語系的起源（原鄉問題），近似日本邪馬台國爭論，自古以來歐美眾說紛紜，直到現在也還沒有定論。近年來以黑海到裡海以北的廣大草原地帶的說法最為有力，但是不論是哪裡，把印歐語系起源定在中央歐亞西部的某處，應該無人反對才是。另一方面，關於印歐語系離開故鄉，開始擴散到四方的時間也有很多說法，但是最晚不會超過西元前二五〇〇年左右。它與下面要談及的印歐祖語問題有關。

印歐祖語指的是中央歐亞西部為起點，西有包含英語的日爾曼語族、西南有希臘語族和義大利語族，東南是印度—伊朗語族，東部是塔里木盆地的吐火羅語、塞語，北方有波羅的—斯拉夫語族，推測是到了後世，擴散到歐亞全境（除了東亞之外）的民族，他們共通的原始語言。

印歐祖語中有許多與畜牧相關的用語，像是羊、牡羊、牝羊、小羊、牡牛、牝牛、豬、小豬、馬等家畜，和羊毛、奶、酸乳、凝乳等。而且也有與車輛相關的四輪車、二輪車、車輪、車軸、車軸架、轅（車柄）、軛（連結車轅末端的橫槓），然而唯獨不存在「輻條」這個詞。那是因為輻條是印歐語系擴散之後才終於出現的詞。但是西亞在西元前三五〇〇年左右發明的車輛，一般認為在西元前三〇〇〇年以前，就已傳播到中央歐亞西部，然而經由考古學方面的考證，輻條是在西元前二〇〇〇年前後發明的，所以印歐語系開始擴散的時期，只要推測最遲不晚於西元前二五〇〇年就不會有錯。

印歐祖語中有金、銀，卻沒有鐵，因此沒有讓馬拉著有輻條的二輪馬戰車，與前面的推測也沒有矛盾，因為鐵和馬戰車都只能上溯到西元前二五〇〇年。不過，奇妙的是印歐祖語中農業相關用詞卻很少，這並不是因為西元前二五〇〇年以前的印歐語系不懂農業，可能是他們之間是以畜牧為主，而農業為副，車輛用於遷移和搬運用，所以農業相關的用詞，在印歐語系遷移到農業高度發達的歐洲—西亞—印度—塔里木盆地周邊時，被原住民的語言取而代之了。

的確，印歐語系的大遷徙可以算是中央歐亞勢力第一次征服了歐亞，不過要注意的是，如果評價過於誇大，很可能有陷入新西方中心史觀的危險性。

印歐祖語時代的印歐語系，從其原鄉的位置來看，斷定為高加索人的這個觀點應無大礙。他們當中遷移到最東邊的是吐火羅語族，向南—東南方移動的一大族群，是印度—伊朗語族。

如上述所說，進入西元前二千年紀之後，擁有馬戰車的印歐語系才南下到西亞—印度。而西元前二千年紀的中期，位於美索不達米亞的米坦尼王國統治階級留下的楔形文字銘文中，確認他們使用的語言是印度雅利安語。由於古印度語在西元前一五〇〇年左右成為獨立存在的語言，所以印度—伊朗共通語時代可以上溯到西元前二〇〇〇年左右。而且印度雅利安人大約在西元前一五〇〇年以後，從阿富汗越過開伯爾山口，進入印度河上游。西元前一二〇〇年左右在那裡編纂了《梨俱吠陀》。古伊朗語最古老的文獻《阿維斯陀》*也是在同一時期完成。

另一方面，關於吐火羅語族的遷徙，較受注目的是西元前三千年紀，分布在阿爾泰—南西伯利亞的紅銅時代到青銅器時代早期，以畜牧為主體的阿凡納謝夫文化，與近年在塔里木盆地出土的西元前二千到一千年紀的木乃伊群。這些木乃伊以高加索人較多，但也有與蒙古人種混血，而且甚至有些能上溯到西元前二〇〇〇年左右。他們很可能是從阿爾泰地區南下到天山地區的吐火羅語族人民，判斷吐火羅語族的分歧比西元前二〇〇〇年更早。

至於印歐語系認識糖之前最重要的甜味料——蜂蜜（推斷印歐祖語為*médhu），維持著共同的用語來表示蜂蜜或蜂蜜酒。它是梵語的**mádhu**、教會斯拉夫語的**medū**、俄羅斯語的**med**、德語的**Met**、英語的**mead**、塔里木盆地—天山地區的吐火羅語的**mit**。後來從吐火羅語

---

* 譯註：又稱《波斯古經》。

傳到漢語變成了「蜜」（漢代上古音念成mjit，唐代中古音為mjiet），日語借用此音，在語尾加上母音，而成了「mit＋u」（mitu，平假名寫作みつ）。

「蜜」這個漢字在商周時代並不存在，到了西元後的漢朝才第一次出現。很可能是西漢帝國進軍西域與吐火羅人接觸，而將蜜蜂和蜂蜜傳進來吧。透過發祥於印度的佛教，許多梵語進入了日語當中，從檀那（施主、丈夫）、奈落（地獄）、娑婆（世間）、剎那（瞬間）、卒塔婆（佛塔）等例子就可明瞭，但是屬於印歐語系另一系統的吐火羅語，也傳了進來。

此外，本書接下來會頻繁出現的粟特人，說的是印歐語系伊朗語族的粟特語，他們是農耕都市民，故鄉舊粟特位在現在烏茲別克，部分橫跨到塔吉克一帶。特別是西元後一千紀，他們成為國際商人、軍人、政治家、外交官、教士、藝人，活躍於中央—東部歐亞一帶。但在一千二百年前，被說波斯語或突厥語的集團併吞，最後從歷史上消失。

突厥民族的原鄉

如前所述，在中央歐亞，與馬的家畜化關係重大的民族遷徙共有四次。即（1）前面敘述的印歐語系大遷移，（2）第一章已經談到匈奴或鮮卑為首的五胡大遷徙，（3）最有名的日耳曼民族大遷徙，還有（4）突厥民族大遷徙。

其中，本書想特別強調的是（4）突厥民族大遷移。因為沒有一個民族像突厥民族這樣跨越歐亞廣大的區域，而且長時期持續影響世界史。也不用我多說，（2）（3）（4）的民族遷移與軍事行動全都是騎馬主導（當然搬運上也使用牛車），這部分與騎馬軍團出現前的（1）大不相同。

印歐語系的原鄉在中央歐亞西部，阿爾泰語系的原鄉在中央歐亞的東部。不過據推測，阿爾泰族的原鄉中，通古斯族在最東邊的舊滿洲，其西是蒙古族，占據大興安嶺周邊—蒙古高原的東半部，而突厥族在最西邊的蒙古高原北部—西伯利亞南部—阿爾泰山脈北麓。這群突厥族在漢朝時稱為丁零，西元前後約五百年間，蒙古高原的大部分都是匈奴的領域，不過直至現在還不清楚匈奴屬於哪個民族。而且，蒙古高原涵括了戈壁沙漠，因此沙漠北部，現在蒙古國的草原、森林地帶稱為「漠北」，南部的中國內蒙古自治區，稱為「漠南」以示區別。

匈奴全盛時期，丁零淪落藏身在匈奴北側，但是在匈奴衰弱後，丁零起兵進攻並在匈奴離去後漸漸南下，盤據蒙古高原中央—阿爾泰山脈周邊—準噶爾，進而擴大到漠南—中國北部。最具代表的是出現於四到五世紀的高車（高車丁零）、敕勒、狄歷。

如同《隋書．突厥列傳》和《鐵勒列傳》所述，到六世紀中葉前，蒙古高原一直是突厥民族的天下。也就是說，突厥占據阿爾泰山脈—蒙古中央部分，北側有後來統稱九姓鐵勒的回鶻、僕骨（僕固）、同羅、思結、渾、拔也古（拔曳固）等，西側有薛延陀、葛邏祿等割據，這些都是突厥系的大集團，六世紀後半，這些族群也全都臣服於突厥的統治。

然而，根據《隋書．鐵勒列傳》所述，同樣在六世紀，只有二十個鐵勒所屬的部落散居在西伯利亞南部—哈薩克—裡海北岸的草原地帶。它們的名稱難以比較推斷，但是對照東羅馬帝國（拜占庭帝國）的希臘語史料等，應該可以認定那裡包含了奧古爾（Oğur）、歐諾古爾（Onoğur）、保加爾、佩切涅格、失比爾、圖瓦等突厥系各集團的部落。

但是在這片廣大的地區，在西元前就有印歐語系的吐火羅語族東進，另外也離烏拉語系的大本營很近，所以一般並不認為這些突厥系各民族，從西元前就住在這裡。他們很可能是在二世紀匈奴開始向西移動，到四世紀匈人出現在黑海北岸的期間，滾雪球式被吸收，從突厥語系的原鄉以被動的形態向西方遷移。有的學者認為突厥民族的原鄉在阿爾泰山脈以西，到烏拉山脈之間，但不論從歷史學上還是語言學上，我都不同意這種看法。如果匈奴是屬於突厥系，我認為他們的原鄉應在整個蒙古高原，要不然也是蒙古北部，具體來說，就是蒙古高原北部—西伯利亞南部—阿爾泰山脈北麓較為合理。

突厥的興亡

騎馬遊牧的突厥民族建立的第一個國家，是五世紀末的高車國，位於準噶爾，隔著阿爾泰山與蒙古西側相接。但是為突厥民族打下在歐亞大陸蓬勃發展的基礎，無疑是五五二年成立於蒙古高原的突厥第一汗國。突厥這個專有名詞的原字是Türk（üt）。日本有thuruku（テュルク）或churuku（チュルク）等拼法，本書統一為toruko（トルコ）。

蒙古系遊牧民的鮮卑族於二到四世紀生活在大興安嶺周邊—漠南一帶，自從他們成為五胡的一支遷移到中國北部後，同為蒙古系的柔然便雄霸整個蒙古高原—東部天山地方。柔然在四世紀時脫離鮮卑獨立，於五到六世紀時，與鮮卑在北中國建立的北魏對立。五五二年被過去臣屬的突厥所滅。柔然戰敗後的殘餘勢力遭到突厥追擊，快速往西奔逃，經由與過去匈奴—匈人類似的路線，於六到八世紀搖身成為活躍於東歐—中歐的阿瓦爾族。

突厥自高車衰微後，以阿爾泰地方為根據地，利用阿爾泰山脈豐富的鐵礦，成為專營製鐵、鍛冶的部落，一面臣屬柔然，一面積蓄實力。而同樣臣屬柔然的鐵勒各部起義反抗柔然時，突厥幫忙鎮壓，施恩柔然。然而當他們要求柔然的可汗（遊牧國家的皇帝）賜嫁公主時遭到拒絕，因此與南方拓跋氏建立的西魏交好，終於滅了柔然。

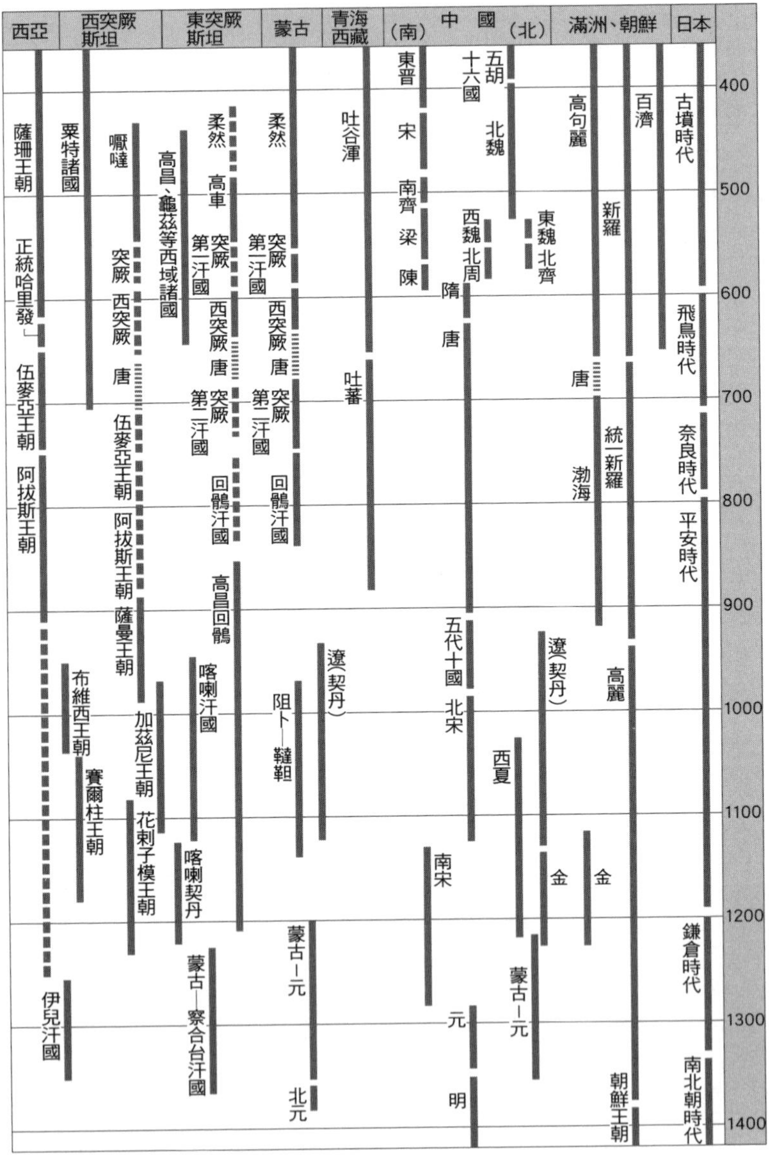

圖7 主要王朝輪替簡圖（4—14世紀）。

突厥獨立後有效運用鐵礦，轉瞬間不只將蒙古高原納入版圖，於北方壓制在南西伯利亞製造精良鐵器的黠戛斯（吉爾吉斯），提高製鐵技術，更將勢力向西越過準噶爾到達哈薩克，進而間接統治塔里木盆地和粟特，成為一大強國。王族為阿史那氏。

農耕國家會熱中於爭奪領土，但遊牧國家卻不相同，他們更重視移動性高的遊牧民集團彼此之間的離合集散，國家的興亡基本上是統治部落的輪替，所以整體的動向十分快速。雖然從柔然國變成突厥國，但也只是國家的領導部族不在了，被統治的許多部族不論是蒙古族還是突厥族，又或是吐火羅族還是伊朗族，只要不作徒勞的反抗而遭殺害的話，就會直接成為新突厥國的國民。

突厥第一汗國在第一代土門可汗之後，第三代木桿可汗、第四代他鉢可汗都是明君，所以不只是對中國的北周、北齊兩王朝頻頻掣肘，而且重用從前代柔然時代就在中央歐亞東部從事商人、政治顧問和外交使節等的粟特人，短短時間就展現出超越匈奴帝國的繁盛。也是在這個時期，突厥第一汗國與波斯薩珊王朝合作，滅了嚈噠帝國，並派遣粟特人與東羅馬帝國交流。

突厥與薩珊王朝合作打敗嚈噠後立刻分道揚鑣，當時突厥為了販賣大量絲綢，派遣粟特人使節到薩珊王朝，卻遭到殺害。相反地，經由粟特人的仲介，與東羅馬帝國之間的對談有了共識，絲綢出口漸上軌道，於是沒有文字語言的突厥第一汗國以粟特語為官方語言，也是必然之勢。

在南方的中國，到了五八一年，隋將分裂的各個國家重新統一，突厥與中國王朝的形勢反轉，五八三年，突厥出現東西分裂的勢態，而東突厥臣服於隋。但隋末天下大亂，群雄割據，東突厥協助李淵、李世民父子建立唐朝有功，不過卻在六三〇年反遭旭日之勢的唐所滅，大量突厥遺民從漠南遷移到中國北部。至於西突厥，儘管臣屬其下的鐵勒契苾部勢力興起，阿史那氏到六五〇年代後半仍能保住命脈，最後也被唐所滅。

居住漠南—中國北部的突厥遺民不得不沉潛半世紀左右，六八二年終於成功反抗唐朝，從漠南收復漠北，將該地的鐵勒各部收入轄下。這個復活的國家稱為突厥第二汗國。

這個汗國使用了中央歐亞騎馬遊牧民最早創造的突厥文字（突厥字母），豎立以突厥語（古突厥語）書寫的突厥碑文（舊稱鄂爾渾碑文）。最有名的有闕特勤碑、毗伽可汗碑、暾欲谷碑。二十世紀經由解讀，終於對遊牧國家的發展過程有了遠比以往更清楚的了解。

第二突厥汗國的鼎盛期一直維繫到第三代毗伽可汗過世，約四十多年，時間並不長。但是，經過這些年的南征北討，其勢力範圍在東邊征服了契丹，與渤海國接壤。西邊雖然不及突厥第一汗國極盛時代，能掌握草原之路與綠洲之路兩條路線，但也收復了被唐帝國暫時納入領土的天山北麓草原之路（天山北路）一帶，越過注入鹹海的錫爾河，到達粟特南邊的鐵門。進而，如果位於裡海到黑海北岸的可薩王國，其統治階級是突厥的可薩部落，而且他們與突厥第二汗國直接建立合作的話，那麼突厥第二汗國的勢力範圍便到達黑海北岸了。如此一來，只要驅使屬下的粟特商人，便能輕易與黑海南岸的東羅馬帝國進行絲綢貿易。

回鶻的興亡

本書中頻繁出現的回鶻，指的是古代回鶻，主要從七到十四世紀之間，活躍於中央歐亞東部（帕米爾以東）的突厥系民族集團，同時也指以他們為核心的國家名稱。在漢文史料中又稱迴紇、回鶻、輝和爾、畏吾爾等。回鶻與二十世紀重新取名的現代伊斯蘭教徒維吾爾人有部分重疊，但絕非同一群人。

古代回鶻人原本也是蒙古高原的蒙古人種，說突厥語的騎馬遊牧民。七四二年，回鶻以九姓鐵勒之首，聯合隸屬另一鐵勒部落的拔悉密、葛邏祿推翻了突厥第二汗國。七四四年獨自掌握霸權，建立回鶻汗國，並統領中央歐亞東部直到八四〇年。回鶻汗國指的是可汗以蒙古高原於都斤山地區—鄂爾渾河中游為根據地的時代，與回鶻可汗國都稱為草原回鶻帝國。

但是八三〇年代後期，氣候變化導致自然災害和內訌，國力衰退。八四〇年，遭到北方同為突厥系的黠戛斯侵略而滅亡，回鶻的大集團在蒙古高原上四分五裂。

南向往漠南的一支部族，遭到唐朝的拒絕和攻擊，不久後消亡；前往河西走廊的一支建立甘州回鶻；而遷移到天山山脈周邊及塔里木盆地的最大族群，則建立了高昌回鶻。甘州回鶻王國在十世紀與敦煌的河西歸義軍節度使政權（實質上為敦煌王國）緊密連結，勢力不可小覷，但是十一世紀被從東方擴張過來的党項族西夏王國所兼併。

至於高昌回鶻，在東部天山地方立足後，國勢興盛約三百五十年，直到十三世紀初蒙古族的成吉思汗崛起於蒙古高原東部，回鶻主動臣服為止。不只如此，蒙古帝國時代（十三到十四世紀），舊高昌回鶻人在蒙古帝國的政治、經濟、宗教、文化等各個面向都有顯著成就。但是，自高昌回鶻之後，回鶻人漸漸轉變為農民或都市民，也就是出現「回鶻定居化」現象。向來十分自傲的遊牧戰士為何會落地生根、定居下來，目前尚不明白箇中原因。

此外，民族與國家不能一對一的對應本來就是一種常識，我們不能忘了不論是在回鶻汗國、高昌回鶻還是甘州回鶻，其國內除了回鶻族人之外，並非只有突厥系各民族，也有少數在語言和體質上迥異的粟特人、漢人、吐火羅人等。但是這都不影響他們身為「回鶻國人」。

突厥民族大遷徙與突厥斯坦的成立

突厥斯坦在波斯語中的意思是「突厥人的土地」，精確來說，是「說突厥語的人的土地」。換句話說，也就是突厥民族遷移到原本印歐語系等原住民族所在之地，成為了統治者，最後受統治者也說起突厥語，產生「突厥化」的地區。一般認為部分突厥民族從突厥第一汗國之前，就開始從蒙古高原的故鄉往西方移動。天山山脈以北的準噶爾─哈薩克草原緩慢轉變為突厥斯坦。但是自突厥時代以後，突厥進一步往西發展，進入南俄羅斯─東歐，三番兩次分散聚合，在史上留名的部族有保加爾、可薩、失比爾、佩切涅格等。他們大部分與印歐語系的斯拉夫語族或烏拉語系的芬蘭─烏戈爾語族的人混血，喪失了突厥語，只有在俄羅斯窩瓦河中游流域，楚瓦什共和國的楚瓦什語中還保留著。不過，保加利亞語和匈牙利語中有許多古突厥語的詞彙。

再回頭說說將突厥第二汗國取而代之的回鶻汗國。時值七五五年，安史之亂爆發，削弱了唐帝國在中亞的勢力，回鶻人南下與從西藏高原北上的吐蕃人在東部天山地方兵戎相見。爭執的焦點是天山北麓，現在烏魯木齊東方一百六十公里的北庭（別失八里）。

於是，七八九到七九二年的北庭爭奪戰中，回鶻戰勝吐蕃，因而將天山北麓的草原地帶

（天山北路）與塔里木盆地北邊（天山南路北道）一帶納入回鶻的統御之下。塔里木盆地的南邊（天山南路南道）則為吐蕃的領土。過去史家總是把七五一年唐與大食（塔吉克）的怛羅斯戰役，視為中亞史上決戰天下的大戰，但是其實北庭爭奪戰才配得上這個評價。

北庭爭奪戰之後，回鶻汗國善用粟特人，靠著絲路貿易愈來愈興盛，成為世界史上唯一的摩尼教帝國。但是，最後因連年乾旱導致飢荒，國力疲弊。八四〇年黠戛斯趁其內亂侵略，回鶻滅亡。回鶻的大集團主要往西南方遷移，最大的一支在東部天山地方—塔里木盆地建立新國家——高昌回鶻。同一時期，統治塔里木盆地南邊的吐蕃帝國也滅亡，所以從此時此刻起，原住民為印歐語系的吐火羅人、于闐人，以及漢人所在的塔里木盆地一帶，漸漸發展為突厥斯坦。這個時代的回鶻人，由於和自古居住在天山地方—塔里木盆地的高加索人混血，因而出現愈來愈多人有著不同於黑眼黑髮、容貌扁平等蒙古人種特質的相貌。

那麼像是粟特和巴克特里亞等原本說伊朗語的地區，在突厥各族出入之後，又是怎麼形成西突厥斯坦的呢？

照一般的說法，十世紀中葉成立，維繫到十二世紀的喀喇汗國，是突厥系建立的第一個伊斯蘭王朝。最初的領域從西部天山北麓到塔里木盆地西邊的喀什地方。但九九九年，它與同為突厥系的加茲尼王朝相呼應，征服伊朗系的薩曼王朝後，疆域擴大到舊粟特一帶，進而在十一世紀初期也征服了塔里木盆地的于闐王國。建立喀喇汗國的核心部族應該是葛邏祿、回鶻、熾俟、樣磨的其中之一，但是現今尚不明確。不管是哪一族，這幾個部落都是汗國的組成部族（代田，二〇〇一），一般認為甚至烏古斯族也有加入。

在舊粟特，伊斯蘭化比突厥化更早發生，伊朗系的伊斯蘭國家薩曼王朝（八七五到九九九年）在喀喇汗國之前成立。從這個時代開始，突厥系的奴隸軍人受到重用，突厥人大量南下，他們的出身很可能是從突厥時代就在哈薩克草原發展的烏古斯族。後來，突厥系奴隸軍人掌握了權力，脫離汗國建立了伊斯蘭國家加茲尼王朝（九六二到一一八六年），領土以阿富汗為中心，從西北印度擴張到東伊朗（呼羅珊省），形成了伊斯蘭化的西突厥斯坦。

東突厥斯坦的大部分，應該是在十世紀突厥化，但是西南部的于闐國還留存著印歐語系的于闐語。到了十一世紀，喀喇汗國併吞于闐國，東突厥斯坦的西半部（包含部分天山地方西部）逐漸伊斯蘭化。至於掌握東半部的高昌回鶻在十世紀以前信仰摩尼教，但十一世紀開始改變成佛教國家。因此，東突厥斯坦的東半部，即使到了蒙古帝國時代，依然以佛教為主流。一直到蒙古帝國滅亡許久，在十五世紀中後期以後，東突厥斯坦才完全變成突厥—伊斯蘭世界。

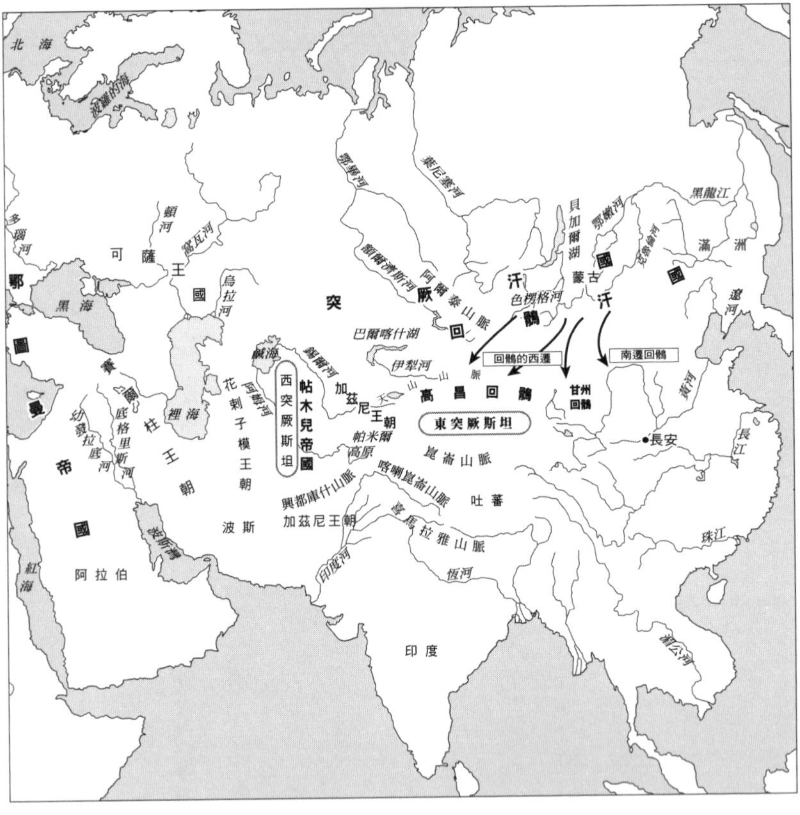

圖8　突厥民族大遷移（6世紀以後）。地圖中列出突厥系各民族從原鄉蒙古高原周邊一帶西進，在歐亞全境建立的各國家名稱。不過並非所有國家都同時並存。箭頭為9世紀中葉回鶻民族的移動路線。

新突厥人的世界

原為蒙古人種的突厥語系，與主要為高加索人種的印歐語系，混血後形成了新突厥人，而東西突厥斯坦便是這些新突厥人的世界。十三到十四世紀，蒙古帝國成為空前絕後的大帝國，統治者盡是蒙古人，但是東西突厥斯坦，卻是元朝時被稱為「色目人」的回鶻人、葛邏祿人等新突厥人的出身地，突厥化更加顯著。這種狀況在蒙古帝國滅亡後，從治理這地區的帖木兒帝國時代，一直持續到十九世紀。到了十九世紀，俄羅斯勢力從西北往南延伸，東面則明顯有清朝治下的漢人在擴展勢力。

突厥民族的擴張並不只在東西突厥斯坦，居住在鹹海到錫爾河以北的烏古斯族一支（後來的土庫曼人），在曾經臣屬可薩王國的塞爾柱率領下，逐步南下，從錫爾河下游一帶遷移到阿姆河，與薩曼王朝和喀喇汗國通好，一起對抗加茲尼王朝。接著，又建立塞爾柱王朝（一〇三八到一一五七年），統領東伊朗（呼羅珊省）到小亞細亞（安納托利亞），與西亞主要地區。到了一〇五五年，他們攻入巴格達，推翻布維西王朝，從阿拔斯王朝哈里發手上接受蘇丹的頭銜，一〇七一年，在曼齊刻爾特戰役（Battle of Manzikert）打敗東羅馬帝國軍，這是突厥征服小亞細亞的開端，也是歐洲發動十字軍東征的原因。

另外一支突厥系軍人奴隸（馬穆魯克）於一二五〇年在埃及建立了馬穆魯克王朝，將十字軍徹底擊潰，靠著印度洋經地中海到歐洲的香料貿易而繁榮，但最終還是在十六世紀初期為鄂圖曼帝國所吞併。

最後出現、國祚最久的突厥系王朝是鄂圖曼帝國（一二九九到一九二二年），崛起於塞爾柱王朝與魯姆蘇丹國時代，突厥化與伊斯蘭化並進的小亞細亞，一四五三年占領君士坦丁堡，消滅東羅馬帝國。此後發展成橫跨歐亞的大帝國，西從巴爾幹半島到東歐，東從地中海東岸到紅海沿岸，南至地中海南岸的北非。西歐歌劇中出現的壞蛋角色經常是突厥人，便是在反映中世紀到近代，基督教歐洲世界一直受到伊斯蘭教鄂圖曼帝國壓迫的事實。話雖如此，鄂圖曼帝國與所有中央歐亞型國家一樣（蒙古帝國是為典型），對異族和異教十分寬容，是個容納眾多基督教徒的多民族、多宗教、多語言的帝國，發展出複合性的文化（新井，二〇〇二）。

現在，以突厥系語言為官方語的國家或地區，有東突厥斯坦的新疆維吾爾自治區、西突厥斯坦的吉爾吉斯、哈薩克、烏茲別克、土庫曼，以及鄂圖曼帝國在第一次世界大戰中成為戰敗國後，殘留下來的土耳其共和國和亞塞拜然等，範圍廣闊。從這項事實也可以觀察到突厥民族大遷移的足跡。

這些民族移動與文化的融合，從現在的日常生活也可見端倪。例如：現今受到全世界歡迎的健康食品——優格，就是中央歐亞遊牧民創造的乳製品。優格一詞不但已經是現代歐美各語言中的詞彙，也進入日語中，語源來自於古突厥語意指「揉和、攪拌」的動詞「yoğur」，其名詞形「yoğurt」。優格透過突厥保加爾族與斯拉夫族融合誕生的保加利亞、鄂圖曼土耳其傳播到近代歐洲。

PART 3 絲路的世界體系論

圖　位於鄂爾渾河西岸的喀喇巴爾噶遜（Qara Balγasun）遺跡宮城內部。參觀2011年德國、蒙古聯合調查隊的挖掘現場。作者攝影。

一　前近代的世界體系

多個世界體系

二〇一九年八月，媒體大幅報導了美國歷史學家華勒斯坦的死訊。這位學者提出的「近代世界體系論」對近代史研究帶來了強烈的衝擊。

根據他的論點，西歐創造出人為性的分業體制（尤其是日用品生產的分業體制）資本主義，並擴大成全球規模，因而讓十六世紀以後的近代世界化分為核心、半邊陲、邊陲三區塊，三者之間產生了支配與被支配的不均衡關係。而現在許多學者指出，在近代以前也存在著好幾個藉由分業體制，來統合國家、區域的世界體制。另外，學界也對該世界體制的開端，到底源自蒙古帝國時代，還是阿拔斯王朝而爭議不已。

其中，我注意到的是妹尾達彥提出的「前近代三個世界體系」（妹尾，二〇一八）。依據他的說法，歐亞大陸分成東部、中央、西部三塊，三地的北方設定為遊牧地區，南方為農業地區，顯示出西元前一千年紀東部有匈奴和秦漢，中央有塞迦與波斯，西部則是斯基泰與希臘羅馬的南北對峙、共存的結構。用另一種表現方式，就是「夷狄×中華」「圖蘭×伊朗」「野蠻人×希臘人」的南北對立。

這裡我想指明一點，畜牧雖然是從南方農耕地帶展開的，然而當北方出現遊牧世界時，農耕世界就產生了所謂「文明與野蠻」的歧視。秦漢的秦帝國、波斯、希臘羅馬原本都是從北方興起，然而當他們進入農業地區，完成了國家的形態，就自詡為文明人，而將北方人視為野蠻人。不論印度、波斯、希臘和羅馬，都是出自北方的印歐語系，但卻歧視出身地的同族。隨著時代進展，在東部，有鮮卑出身的北魏歧視柔然，而屬於北魏以降拓跋國家系譜的隋唐，則視突厥為蠻族。近代西歐的主人翁日爾曼人，曾經也被羅馬人視為蠻族。

而歐亞東部的「夷狄×中華」中，更能歷時性地（diachronique）讓我們了解這種南北對立的樣貌。這是因為我們不僅能從漢文史料中，配合同時期中華事態，側面觀察到從匈奴開始，到鮮卑、柔然、突厥、回鶻、契丹、蒙古一連串夷狄方面的狀況，加上自突厥之後，夷狄用自己語言所書寫的文獻也都完整保留下來的關係。以下的敘述便以「夷狄×中華」為中心。

遊牧經濟的脆弱性

遊牧國家依賴畜牧為生，因而面對自然環境的脆弱性十分顯著，經濟極為不穩定。農耕國家的經濟基礎是穀物，但遊牧國家不同，家畜不利保存，所以潛在隨時都有可能陷入家畜不足的危機。尤其是夏季乾旱、野火，冬季冰雪、寒流造成饑荒，而導致野草不足的話，家畜就會以數萬到數百萬頭的規模大量死亡，人民也因而減少。

在這種狀況下，只能遷移、攻擊其他地區的遊牧部落，或者侵略南方農耕地區，一併搶奪家畜和人丁資源。獲得的人丁資源當然便受到奴隸般的待遇，如果是遊牧民，便可以直接利用，而如果是農民或工匠，就讓他們在各別的領域工作。遊牧國家也零星擁有少許農耕地，遊牧民無法從事這類勞動。

即使不是在上述的危機時刻，光靠草原遊牧世界產出的資源，也無法維持國家運作，從遊牧國家的支配結構來說，必須經常性從農耕世界吸收財物。

遊牧國家的形成與特徵

如前章所述，騎馬遊牧民集團具有卓越的機動力，當大型勢力從部落間的爭戰中崛起時，就成為史上第一個遊牧國家，人類的歷史從此跨入新階段。話雖如此，光靠遊牧無法自給自足，而且遊牧民並非遠離農耕地區孤立生活。從未有例子顯示在草原地帶孤立、獨立生活，還能夠自然生成國家。遊牧國家永遠是在與農耕世界鄰接的邊境附近形成。

匈奴的領袖稱為「單于」，鮮卑之後稱為「可汗」，遊牧社會中，領袖的使命是帶兵作戰、分配戰利品，和平時期指揮圍獵兼軍事演習的任務，此外還有重新分配從臣屬部落的貢稅、貿易中得到的資源。遊牧民眼中的理想領袖，是具有高度戰略、危機管理能力，同時公平分配資源的人。因為掠奪戰是集體戰，掠奪品的重新分配是由領袖裁量決定的。

農耕國家為擴張領土而發動的戰爭，對統治者雖然有利，但對一般百姓來說只是消耗。然而，在中央歐亞的遊牧國家中，戰爭不只對統治者有利，對一般民眾也是生產活動，而不是消耗。生產力低的遊牧部落結盟建立遊牧國家，是為了集結到南方掠奪時的組織，總之，就是為了活下去。

只是，我想先提醒大家注意，中央歐亞的騎馬遊牧民集團絕不是在文化落後的野蠻人。我們很難洗掉從中華主義或西方中心主義的立場，將遊牧國家貼上重視「掠奪」的惡質國家標籤，但是這種評價過於片面，正如世界一流的東洋學者岡田英弘一再強調，在歷史中不可作善惡的道德評斷。

再看看其他地區和時代的例子，古印度的剎帝利謀求生計最適當的方法，就是靠著戰鬥掠奪他人的財富，連結婚也可以搶親結婚。另外，在前近代的海上貿易中，世界各地也不乏貿易船搖身變成海盜船，正當生意與海盜行為相輔相成的例子。漢人、波斯人、希臘人、羅馬人殘暴行徑，比他們稱之為夷狄、野蠻人的遊牧民更加野蠻的例子，更是不勝枚舉。

回到正題，遊牧國家的特徵有十進位的軍民組織，與中央、左右翼分統體制等。位於頂峰的是王族和保護他們的心腹、親衛隊。遊牧部族發展為部族國家、部族聯盟國家，進而最後成為中央歐亞型國家的過程中，擔當重要任務的是單于和可汗的心腹集團，這些人都抱著堅定的決心，連生命都能獻給超越血緣關係的主君（在蒙古稱為伴當），以及這些心腹指揮的親衛隊（在蒙古稱為怯薛）。

伴當的原義是「夥伴」，但在歷史學名詞則是「誓死守護主君的心腹戰鬥集團」，同時具備菁英與奴隸（軍事奴隸）雙重特性。這種心腹、親衛隊的形式，包含怯薛，不只出現在中央歐亞，日爾曼各族（從士團〔comitatus〕）和穆斯林各國（馬穆魯克、古拉姆〔Ghilman〕），甚至普及到倭國（伴、人制）。談及與證明整個歐亞大陸的普遍性太過專深，所以這裡省略（參照森安，二〇一一；Beckwith，二〇一七；丸橋，二〇一八）。而財物的贈與系統支持了這類心腹、親衛隊的堅固人際關係。

最初的小組織是在與其他部落的掠奪戰爭階段中產生，那時候只要分配戰利品便能滿足。但是發展到遊牧國家的階段，只要戰利品已經不夠了，必須建立起恆常自外部吸收財物、資源，再重新分配的體制。也就是說，這種重新分配體系的建立與遊牧國家的形成是表裡一體，掠奪戰爭、征服戰爭的持續已成為遊牧國家的宿命。

遊牧國家並不是只靠騎馬遊牧民就能成立。掌握政治與軍事的騎馬遊牧民為核心，但不只是商業、手工業，連從事農業的定居人民都納入直接和間接的支配下，是個複合性的國家。尤其國際商業，也就是經由絲路的貿易，是發展與維持一個國家最不可缺少的要件。在國境地帶與農耕民交易，也是遊牧民維持日常生活必要的行動。不論是大規模的國際商業，還是中小規模、國境附近的交易，若是不能通行無阻，就得訴諸掠奪這種非常手段。

但是，過去歐美學者經常使用的「交易或掠奪」理論並不完全對。我們必須注意到一點，那就是兩者的對象不同。和平時期的交易目標是奢侈品、手工業品（武器或生活用具等）、農產品（穀物、酒、麴等），但是靠戰爭掠奪來的，主要是家畜和人。家畜是和平時期遊牧國家出口到農耕國家的交易品，但是戰時卻反倒成為向農耕國家掠奪的對象。遊牧民從農耕地帶奪取家畜，是為了補充因自然災害、瘟疫，或與其他部落戰鬥失去的家畜，又或是解決因人口增加而導致的家畜不足等，是遊牧經濟中再生產活動的恆常化。

對遊牧民而言，掠奪是關乎生存策略的最後手段，如果按農耕都市文明的道德規範，簡單將之歸入「惡」的一方，歷史就無法理解了。如果主張為「惡」的話，那麼在日本戰國時代，搬演「盜國物語」*的武田信玄、織田信長和豐臣秀吉等武將不全都是大惡人了嗎。這麼一來，日本史便無法成立，希望大家想想前面岡田英弘的話。

絹馬交易

「絹馬交易」這個歷史名詞，也是由是第一章介紹的「三風土帶說」提倡者松田壽男提出的。他認為農耕中國與北方—西方的遊牧國家，並非永遠都在對立、戰爭，不如說維持和平的交易關係才是常態。而兩者的特產馬與絹，正可以代表這種狀態，因而如此命名。

關於這種交易關係，中華方面的漢文史料，全都調整成周邊國家自發性的「朝貢」，但是實際上擁有騎馬軍團的遊牧國家居於優勢，將馬等家畜或畜產品出口，再從中國進口以絲綢為首，穀物、文具、生活用具等無法自給的產物來進行貿易。即使中國一方極度不利，然而一旦拒絕交易，恐將被遊牧勢力侵略，而且中國需要馬匹，是最重要的軍需品，所以自古以來從西漢、東漢對匈奴開始，東漢、曹魏、西晉對鮮卑，北周、北齊、隋唐對突厥，唐對回鶻汗國，到宋對遼、西夏等，往來貿易長達上千年之久。當然，當遊牧國家不提供馬匹的時候，中國方面便會片面獻上「歲幣」，這是因為他們判斷即使如此，也少於遭受侵略所蒙受的損失。

馬擁有可與現代陸軍的戰車、空軍的戰鬥機匹敵的戰力，乃軍備的要害，所以中國方面永遠有著很高的需求量，於是送出大量的絲織品作為回饋。絹馬交易最盛的時期是在突厥與回鶻汗國統治時代（六到九世紀），當時的絲路貿易包含絹馬交易在內，最有成就的操盤手是粟特商人。粟特商人的身影在此之前就已出現，之後崛起粟特系回鶻商人，可以稱之為他們的後繼者（後述）。

松田壽男也提醒，在國境附近有半官半民的交易「互市、關市、交市、合市」，與應稱為官方貿易的絹馬交易並行。由於史料不足，難以了解其實態。話雖如此，除了中國方獲得地方官吏或國家認可的民間商人，和遊牧方的粟特商人這類外來商人之外，一定也有王公貴族或部落族長等的代理人以個人身分參與，用家畜、乳製品、羊毛製品和北方特產的高級毛皮、香料，交換中國的農產物或手工藝品。

＊譯註：司馬遼太郎的歷史小說，描寫齊藤道三、織田信長如何雄霸天下的故事。

在絹馬交易上，年年以馬換來的大量絲綢織品（馬價絹）都堆積在蒙古高原—天山山脈地方，主要都是經由粟特商人作為輕而高價的商品或貨幣，越過中亞，搬運到西亞、東羅馬帝國。而遊牧國家得到的回饋則是金銀器、玻璃製品、玉、琥珀、珍珠、珊瑚和其他寶石類，以及各式各樣的香料藥品類等奢侈品。匈奴、突厥、回鶻等草原世界的王公貴族有多喜愛金銀器呢，從正史中的匈奴列傳、突厥列傳、回鶻列傳等漢文紀錄，以及用希臘文留下來，從東羅馬來到突厥的使者報告，還有蒙古、南西伯利亞、天山山中等出土的實物，再再述說了這一點。

還有一點我們不能忘記，就是會走路的高價商品——奴隸。從北朝到隋唐時代，中國接納了許多來自西域的藝人、音樂家、藝術家、工藝師傅、醫師等，在文化交流上異彩紛呈。他們當中許多人是被高價買下的奴隸，或是高價雇用的特殊技藝者。草原的遊牧民世界也過著可與北朝、隋唐媲美的豪華生活。在鋪著地毯、以昂貴錦繡包覆的華美帳篷，穿著奢華的王公貴族和妻妾們用金銀杯或玻璃工藝品喝著葡萄美酒，欣賞著西域傳來的歌舞音樂和雜技團吧。

前近代世界體系論的提倡

如果極粗略來解釋華勒斯坦的近代世界體系論，西歐勢力是靠著掠奪南北美洲、非洲的資源和財富發展起來的，而他們的靠山就是火槍、大砲堆砌的軍事力。

即然如此，我們也可以模仿華勒斯坦，將歐亞大陸北半邊的遊牧勢力依靠騎馬軍團的戰力，搶奪南半邊來維持和發展國家的現象，命名為「前近代世界體系」吧。更精確一點的說是「前近代歐亞世界體系」。不過，從第一章第一節中敘述的本書立場，不用歐亞兩個字，光是「前近代世界體系」就夠完整了。另外，這個論點我已在二〇一一年有別於妹尾，獨自公開提出過（二〇一一a）。

騎馬遊牧民出現之後，前近代歐亞大陸史的趨勢，是北方遊牧國家與南方農耕國家的對立與協調。中央歐亞的遊牧國家資源、財富少，無法獨立維持穩定的國家組織，因此恆常地向南方農耕定居地區吸收財富，建構重新分配的體系。

根本上，所謂國家就是把掠奪合理化的手段，而遊牧國家掠奪，農耕或定居國家不掠奪的說法，是不正確的。支配者與納稅者（被支配者）在同一領域內的國家，支配者為了經營國家，不論進行如何殘酷的掠奪（剝削），後世的人或研究者也不會稱呼為「掠奪」。但是不論是農耕國家還是遊牧國家，都是從廣大國民手上奪取，即使是強制徵收稅役這一點，其強制力都同樣來自於軍事力或合法暴力組織（如軍隊、警察等）。

遊牧生活無法自給自足，北方遊牧民經常被認為生活貧苦，但是遊牧民有肉和乳製品。事實上，南方農耕文化圈的一般農民賦稅沉重、營養狀態也不佳。話雖如此，北方草原的遊牧世界，恆常地缺乏獨立運作國家所需的資源、財富，因此不得不向南方富裕的農耕定居世界尋求，而馬的存在與騎馬軍團提供的卓越戰力，讓掠奪行動得以成功。

遊牧民具體實行的奪取方法主要有三種，如果把焦點放在「夷狄×中華」的歐亞東部，就可看到第一是中國奉獻的「歲幣（貢品）」，第二是向塔里木盆地及其他綠洲都市國家「徵稅（關稅）」，第三是直接的「交易」。這裡並未包含「掠奪」，但是歲幣或徵稅都是無形而間接的掠奪，不只是歲幣、徵稅，若是交易受阻，也很可能發展成直接掠奪或侵略戰爭。不過那是非常時期，常態上還是「絹馬交易」或「互市、關市、交市、合市」等術語所代表的交易。

《周書．突厥列傳》中有個著名的段落，突厥第一汗國的第四代他鉢可汗提到在北中國分立的北周與北齊，豪邁地說：「但使我在南兩箇兒孝順，何憂無物邪。」（若南方二子（北周與北齊）孝順，我何須擔憂物資欠缺？）不過，這故事並不只是表現可汗的傲慢，依我所見，應可解讀為體現前近代世界體系的代表性文字。

到頭來，我所提倡的「前近代世界體系」指的是北方遊牧國家用侵攻和掠奪的方式，並建構起一套與侵略表裡一體的「歲幣」「徵稅」「交易」多條路線，從南方農耕國家獲得不足的資源與財富，將由此吸取的資源和財物，在國內重新分配來運作國家的體制。而到了十世紀以後遼國與高昌回鶻等中央歐亞型國家的階段時，除了上述的三種掠奪之外，又加入「直接支配農耕地帶」與「引進文書行政」。

如果將前面「絹馬交易」中的描述加以鋪陳，累積在漠北遊牧國家的大量絲織品，再加上自費生產的馬匹等高級商品，經由粟特商人等之手，從東西突厥斯坦運送到西亞、東羅馬，而遊牧國家也得到西方產的高級商品作為回饋，最後為了經營國家而將這些商品重新分配。因此前近代世界體系與作為奢侈品交流管道的絲路便是互為一體，也因此將絲路這個學術名詞一直使用到近代，是不適當的（參照本書第四五頁）。

全球化的發端

在農業起步之後的世界歷史，每個可以稱為文明圈或文化圈的大塊地域，都曾有過複數的歷史脈絡，直到全球化時代才整合為單一的歷史。有人認為這樣的過渡期是西方勢力越過大西洋走向世界的十五／十六世紀，但也有人否定這個說法，主張應追溯到十三世紀的蒙古帝國時代。

日語中說到「文明的交流」時語意隱晦，但從英語中將 **contact**（直接接觸）與 **interconnection**（間接相互連絡）會加以區別的立場來看，前者這種根植於西方中心主義的看法是較為通俗的吧。

但是反過來看，有關「馬」的技術之傳播歷史，像是馬戰車的出現，其次是取得騎馬技術而誕生了騎馬遊牧民，使得歐亞世界的歷史幾乎是同時並進發展。有鑑於此，在其背後推動的應該不是直接接觸，而是包含傳播創意或點子的間接相互連絡吧。若是如此，至少在歐亞世界中，我們應該可以接受單一的全球世界史遠比蒙古時代更早，是從西元前二千年紀就開始的觀點吧。

在中央歐亞的東部、西部和中央，疏離存在的各民族神話與傳說中，看得到共通的元素，第一章第一節簡單提到的精神革命現象並非偶然，難道不能將之視為源自於間接相互連絡的產物嗎？如果各位覺得定義成全球世界史的成立太過誇大，也不妨換成是一種歐亞世界史一體化的認識。

二　遊牧國家與絲路

絲路的繁榮

在第一章第二節介紹過，西元前一千年紀出現了廣大的領域國家，取代只擁有小領域的都市國家，這些大國像是西亞的亞述、波斯阿契美尼德王朝、安息帝國，地中海地區的馬其頓（亞歷山大帝國）、羅馬（共和國→帝國）、印度的孔雀王朝、貴霜王朝，以及在中國統一戰國七雄的秦漢帝國。這些國家都是「③鐵器革命（較晚的第三次農業革命）　約四千年前起」的第二階段，也就是較晚實現的第三次農業革命後，更正確一點說，是經歷了「③鐵製農耕器具普及，造成第三次農業革命　約三千年前起」這兩階段後實現的現象。總而言之，鐵製武器引進，增強了軍事力量而向周邊擴張，而鐵製農機具促進了耕作面積的擴大，故而在歐亞大陸出現了上述的帝國群。

事實上，這些帝國並非同時並存，但是最後到了自西到東有羅馬、安息帝國、貴霜王朝、漢帝國並列的時代，迎來了首次的絲路繁榮期。

在騎馬遊牧民集團出現前，不論是美索不達米亞—埃及的文明圈、印度河文明圈、中國古代文明圈各自都有相當高的孤立性，相對地，此後到近代火藥革命（火槍實用化）為止的世界史，從古文明發展出來的地中海世界、西亞世界、南亞世界、東亞世界等四個巨大文明圈，不再獨自前進。由於中央歐亞位於連接文明圈的樞紐，當騎馬遊牧民集團出現後，他們的動向便常常成為四大文明圈發展的重要關鍵。

不只如此，地中海世界、西亞世界、南亞世界、東亞世界等四大農耕文明圈具有極大的購買力，尤其是統治階層、富人階層、聖職者階層，都非常渴望得到自己文明圈沒有的貴重物品，也就是可以向別人炫耀，提高威信的財物（學術上稱為威信財）。

歷史學幾乎都是在農耕、都市文明圈產生，所以近代人受中華主義或西方中心主義強烈歷史觀影響，在他們眼中，中央歐亞是在東亞、南亞、西亞及歐洲等大農耕文明圈之外的邊境。但如果換個角度，這些人口密度高的巨大文明圈，卻是位在中央歐亞的「周邊」。

中央歐亞基本上是以草原和沙漠為主體的乾燥地帶，少有森林或大河等障礙物。而且，除了馬匹之外，這裡很適合作為馱獸的駱駝、驢子、騾子、牛和氂牛等大型家畜的生育，擁有得天獨厚的各項條件來支持機械化以前的人類交通。因此中央歐亞能發揮將散布在「周邊」、具豐富生產力和購買力的四個巨大文明圈，連繫起來的大動脈功能。而這個大動脈就是作為網絡的絲路。藉由絲路，讓人、物、財和情報從周邊流入，形形色色的語言、文化、宗教交會，成為巨大的融爐，囊括絲路在內的中央歐亞本身也開始蛻變，對周遭的世界形成莫大的影響。

一般認為絲路繁榮的第一期是西元前後數百年間，漢與羅馬並立。第二期是隋唐與突厥、回鶻汗國、伊斯蘭帝國並存的六到九世紀。而第三期是蒙古帝國時代的十三到十四世紀。但是，我認為這三段期間的中間期只是未留下史料，實際上絲路並沒有衰退。更何況，讓唐朝國勢無可轉寰衰弱下去的安史之亂，「使得中國軍隊在七五〇年代從塔克拉馬罕的綠洲都市撤退，陸路逐漸衰退，反倒是海路的旅行躍為主流」的理論（Hansen，二〇一六，二二一頁）等，完全只是一己偏見。毋寧說，從此之後，唐朝經由絹馬交易將大量的絲綢送往回鶻汗國，靠著粟特商人日夜不停的工作，將絲綢出口到西方了。

此外，也有不少人認為五代、宋朝時，陸上絲路早已走下坡，海上路線才是主流。但是，首爾大學的金浩東提醒，即使是到了蒙古時代，海上路線都還危機重重（金，二〇一〇）。我在很多地方都提過，五代、宋朝時陸上絲路十分活絡的論點，而在此學術領域上，將我視為對手的北京大學榮新江，最近的論文也與我不謀而合，我就在此介紹一下（森安，二〇一五；榮，二〇一九）。

絲路貿易的本質

絲路貿易的本質是奢侈品（威信財）貿易，這一點尤其必須強調依賴家畜運輸力的陸上絲路。馬與駱駝等家畜不像海上的船，搬運不了重物，所以，陸上絲路的貿易必然成為輕而高價的商品，也就是奢侈品貿易。奢侈品的代表是絲織品，但其他還有高級毛織品、高級棉布、毛皮、地毯、金銀器、寶石玉石類、香料藥品類或嗜好品等許多種類。除此之外的重要貿易品，就是雖然重但自己會走的奴隸和家畜。

每個時代和地區的奴隸有著截然不同的差異，不可一概而論，不過大致上，他們與家畜一樣，都是主人的所有物和財產，是被視為物而不是人的人。現代人一聽到奴隸，可能馬上會想到近代西方人帶到新大陸、被迫從事嚴苛勞動的黑奴，但是前近代歐亞大陸的奴隸，並非所有人都受到悲慘的遭遇。例如：中世紀伊斯蘭世界，名為馬穆魯克或古拉姆的奴隸軍人，甚至取代了掌權的主君，建立所謂的「奴隸王朝」。不論如何，不只是前近代，即使到了近代，在電腦發達之前，奴隸都是世界上最完美的精密機器。與前近代戰力的根基「馬」（有些地方是駱駝）同為最有價值的高額商品。

草原都市的發生

這裡指的草原都市，是遊牧國家自主建設的都市，因此像北魏在漠南內蒙古設置的「六鎮」、西部天山北麓建立的粟特殖民都市等都不包含在內。此外，七世紀後半，唐對突厥羈縻（間接統治）時，漠北鄂爾渾河流域有著稱為「都護府」的都市，但那終究是唐朝為安置官員或駐屯兵，以統轄當地而設的都市。

匈奴到突厥時代，遊牧國家的草原上並不存在都市。漢人在匈奴領土營建的建築遺跡並不能叫作都市。遊牧民是在八世紀中葉以後的回鶻汗國時代，才開始積極建設都市。希乃烏蘇碑文（圖9）中寫道，在第二代葛勒可汗磨延啜的治世，於七五七年為粟特人和漢人在色楞格河畔建設白八里城。白八里在回鶻語中有「富裕的都城」的意思，漢典譯為「富貴城」。這個城不是為遊牧的回鶻人建造，而是讓外來的粟特人和漢人居住用的。

白八里地區留下三個都城遺址，保留最完好的白八里邊長約二百三十公尺，而另外兩個，一個邊長超過三百公尺，一個約一百四十公尺，全部都接近正方形。如希乃烏蘇碑文所述，遊牧民並未居住在此地，這些都城是粟特人和漢人的定居地帶，供作來訪國家使節、商人、傳教士的住宿場所，和手工業者、農民的居住區，以及保管財物的倉庫。

著名的喀喇巴爾噶遜（圖10）位於鄂爾渾河畔，是另一座規模遠大於白八里的城市，這座城是個都市遺跡，原可汗的宮城「窩魯朵八里」（Ordu-Baliq）也包含在內，規模至少有四×八公里（三十二平方公里），如果測得寬一點，可達五×十公里（五十平方公里）。「宮城」（圖10的上半部）位在東北方。主要部分為長寬為四百二十×三百四十公尺，版築*的城牆因雨水溶蝕變得低矮，即使如此還剩下了約七到十公尺的高度。全城的功用應該與白八里相同，但是城牆特別堅固的宮城應該設置了收藏絹馬交易中，從中國大量運來的絲綢等奢侈品和財物的國庫、武器庫，以及收藏穀物等農產品的倉庫吧（森安／吉田，二

圖9　希乃烏蘇碑文。高3.6公尺強的方柱，四面刻滿了突厥文字回鶻語。照片裡是斷成兩半的上半部（整體的三分之一左右）正面。作者攝影。

〇一九）。

而這座宮城的內部，有座用版築和木材建築、高達二十公尺以上的高台（參照本章扉頁照片），伊斯蘭和漢文的史料描述，高台上設置了巨大的「金帳」，這裡就是宮廷，用來舉行國事、宴會，或是作為儀禮空間，接待治下各部落的君長或外交使節，向他們展現回鶻可汗的威信。當然，一旦發生戰亂，敵軍攻來時，整個宮城就會轉變為要塞的功能。

但是，我們並不認為回鶻的王公貴族們平日居住在這座宮城的內部，他們應該是在周圍廣闊的草原豎起一座座帳篷，住

＊譯註：築牆時用兩版夾土，再以杵把土夯實。

圖10　空拍喀喇巴爾噶遜遺跡。作者攝影。

在那裡。因為，從後來蒙古帝國首都哈拉和林、上都，以及帖木兒帝國首都撒馬爾罕的例子就可以知道，遊牧國家的都市絕不是為了讓遊牧民族統治者定居而建設。比起曬乾的磚頭和木材搭蓋的建築物，他們寧可住在毛氈製的帳篷，要來得舒適得多。統治者等級的帳篷，內部自然用高級地毯和絲織品裝飾，華麗非凡。

漠北的蒙古高原上，在此之外還有多座都城遺址，除了像哈拉和林等明確屬於蒙古帝國時代的幾個例子外，大多是回鶻汗國、遼朝、蒙古帝國—元朝各時代的產物，但目前還不太能判定，期待今後考古學發掘的進展，不過一定會發現回鶻汗國時代的建築吧。因為依我的推測，回鶻汗國時代因為對絲路貿易和農耕的依賴性增加，於是出現了多座城市。

遼朝與回鶻商人——粟特系回鶻人（之一）

而後，契丹族的遼朝學習並繼承了回鶻汗國的做法，契丹族的大本營在漠南，鄰近中國的農耕地帶，有利於草原都市的發展。耶律阿保機打破了傳統部氏族的血緣關係，建立全新的心腹集團，在契丹內部掌握了權力，以心腹為核心的強大軍隊屢屢進犯中國北方。

當時的中國正處於唐末到五代初期，天下混亂，正有利於契丹的侵略。耶律阿保機帶回大量漢人，建築城廓讓他們居住。這就是所謂的「漢城」。他崛起的根據地龍化州和西樓，也有著這樣的淵源。

而且，不僅是遭受掠奪的農民被強制遷到「漢城」，中國國內在權力鬥爭中落敗的上層階級和軍人，與受不了戰時橫徵暴斂而離開土地的農民，有時三兩個，有時大舉自發性的投靠到契丹，人數相當多。遼雖有倣效渤海的五京制，但是其中的上京臨潢府和中京大定府是草原都市，特別是上京為耶律阿保機時代的西樓發展而來的。

依據《遼史》與胡嶠的《陷虜記》記載，上京有回鶻商人的居留區，叫作「回鶻營」。而且，這些回鶻商人是以高昌回鶻為根據地，在絲路網絡縱橫往來的粟特系回鶻人。眾所周知，粟特商人在西元一千年紀的絲路上雄霸一方，而繼承其衣缽的便是回鶻商人。並非本來是遊牧民的回鶻人搖身一變就成了商人，事實為這群人是成為高昌回鶻國人的粟特商人後裔，別國稱呼他們為回鶻商人。這一點希望讀者參照本書第一六三頁。

從一〇〇四年北宋與遼議和，締結澶淵盟約後，北宋開始每年給予遼大量的絲綢和白銀作為歲幣。進而自一〇四四年的和約後，也賜予西夏歲幣。現在我們知道，北宋產的高級絲織品透過遼和西夏，運輸到西方的高昌回鶻與喀喇汗國、加茲尼王朝作為商品或禮物。（參照本書第一八八到一八九頁）

■ 絲路的實況與商隊

藉由人在絲路上的往來移動，不只是交換名為奢侈品的物，也交換各種語言、資訊，交流天文學、曆學、醫學、藥學、製紙法、養蠶業、印刷術、音樂、舞蹈、雜技等五花八門的文化、技術和藝術。「絲」成為表現這些人、物、資訊移動的象徵，因而這條路線才以「絲」為名，有了絲路這個雅稱。

但是，絲路的實況絕非優雅也不浪漫，而是殘酷的。如果對未知的挑戰或夢想稱之為浪漫的話，絲路的確充滿了浪漫，但是現實是人們往來於嚴峻的自然環境，和盜匪橫行的危險地帶。經過絲路的貿易是高風險、高報酬的生意。從玄奘的傳記等就可知，失竊搶劫的例子不勝枚舉。這裡可參考芮樂偉・韓森（Valerie Hansen）的最新日譯版《絲路新史》（*The Silk Road: A New History*，Hansen，二〇一六）。

榎一雄於一九八五年正月在昭和天皇陛下面前，以「絲路國際貿易史的特質」為題演講，他留下的講稿中提到絲路貿易的第一特質是「路途中自然環境的嚴峻與人為災害」，為了避免這些困難與危險，「應組成數十人或數百人團隊，讓數百頭駱駝或馬匹運載貨物，互相幫助，以圖旅行之安全」。他並且說道，組成這種形態的商隊，便是絲路的第二特質。而第三特質是所謂的朝貢貿易。「朝貢雖然是各國各民族的統治者決定的事，但實際上不只是統治者，該統治者的家族，或該國位高權重的人也會參加」，並說道：「唯利是圖的商人們自然不可能忽略這項制度」（榎，一九九三）。

榎一雄另外還有多篇關於絲路貿易的論文，將這些文章整理起來可知，不只是國家之間的官方商隊（有官方使節），還有花錢買下朝貢權利的地方權貴或商人編成的私人商隊。商隊的艱困，不只要面對一路上峭壁斷崖的險惡、沙塵暴、酷熱酷寒、水源不足等自然條件，還有治安紊亂、盜賊劫掠、強迫護衛、徵收關稅等人為禍害。因此，個人或三三兩兩的旅行者若想參加大規模武裝商隊，就得向商隊團長繳交入會金，並且發誓在旅行中完全服從。而團長也會發布目的地、途中停留地和旅行大綱來招攬團員，到達一定人數時選個好日子出發。團長不但有義務保護團員，遠離盜賊的侵犯，也要負責排解團員之間為了買賣等引發的糾紛。到達目的地後，個人或小規模參加的團員會再參加前往下個目的地的商隊，繼續旅程。

一般經常會認為絲路貿易就是遠距離的商品運輸，但是關於這一點榎一雄也提出重要的論點，「實際上，絲路途中各地的物產運往他處販賣更為頻繁」，但是「可以說完全沒有絲路商人經手的商業活動紀錄。」（榎，一九九三，三〇到三一頁）。

但是，近年來也漸漸發現原以為「完全沒有」的商業活動紀錄。舉例來說，首先是法國的詹姆士・漢彌爾頓（James Hamilton）和德國的彼得・齊梅（Peter Zieme），以及我所發表，從敦煌、吐魯番出土的回鶻語信件文書（參照第五章）、漢彌爾頓與英國的尼可拉斯・西姆斯―威廉（Nicholas Sims-Williams）合著發表的敦煌出土粟特―回鶻雙語文書，以及吉田豐與我共同公開發表的粟特文女奴隸買賣契約文書（森安，二〇〇七a）等，漸漸揭開絲路商人的商業活動，不只限於長距離交易，而有著活潑的實況。

低估絲路貿易評價的批判

不過，有些研究者低估絲路貿易，認為我們發現的新史料，只不過是表現出絲路中的交易大都是小規模的地方買賣，並不能成為過去大肆主張大規模絲路交易的證據。其中代表便是最近著作推出日譯版的美國女研究家韓森（Hansen，二〇一六）。

但是，這種批評是見樹不見林的爭論，偏離了重點。中日韓研究者根據漢籍為首的各種史料，強調絲路貿易在歐亞大陸史中的規模和重要性，但韓森的批評顯示出她並未正確了解我們這些研究者的成果。若是如她所主張「絲路的商業主要是地方層級的交易，行商人只服務近鄰客人的買賣」，那為什麼絲路各地的佛教寺院和石窟都有留下他人捐贈的壯麗壁畫，為什麼彭吉肯特（Panjikent）的粟特商人家中畫有豪華的壁畫呢？既然能在自己的客廳繪製壁畫，或是向寺廟教會捐獻壁畫，應該不會是地方上的小商人，必定是在絲路貿易中賺取暴利的富人階層。因為壁畫需用高價的顏料，非常花錢。

另外，西元五〇到七〇年間，在紅海—印度西岸海域活動的希臘無名商人，用希臘文寫了一本商業指南書兼旅行指南《愛利脫利亞海周航記》（*Periplus Maris Erythraei*），其中第六十四節有一段從秦尼（Thinae，即中國）走陸路經由薄知，將綿、絲線、絲布運送過來的紀錄（蔀，二〇一六）。薄知是古巴克特里亞王國的首都，指的是阿富汗北部城市巴爾赫（Balkh）。明文寫著絲製品在這座絲路的要衝轉運，照理說應該不是地方商人能交易得了的商品。

說到「商業活動」，以現代人的印象，多為民間人士主導的作為。但是在這個時代的絲路並非如此。不如說陸上絲路貿易的主流，是以「絹馬交易」為代表的國家間貿易，和透過中國派遣使節與接納外國朝貢使節團的國際貿易。韓森宛如大發現般強調，唐朝政府為統領西域而挹注的資金，也就是大量絲綢，才是絲路交易繁榮的主因。但是，這個觀點在日本研究者之間早已知曉，過去阪大的同事荒川正晴的論著中也詳述過（荒川，二〇一〇）。

除此之外，韓森還有不少論點，我都想反駁，不過，有關觀察西元一千年紀絲路實況的報告，與當時在陸上絲路最活躍的其實是粟特人等，在拙著《絲路、遊牧民與唐帝國》都有很詳盡的解說。而且二十一世紀初令歐美學界為之沸騰、魏義天（Étienne de la Vaissière）的著作《粟特商人史》（*Histoire des marchands sogdiens*）也經影山悅子翻譯，於去年（二〇一九年）出版了日譯本，所以我也在此打住。

不過，某些研究者抱持著誤解，因此有些地方我必須申明清楚。過去有些看法認為，從綠洲都市國家出土的文書可知，居民大多是農民、工匠和士兵，商人的身影極不明顯，而且也極少有證據顯示一般居民直接參與絲路貿易，再加上出土文書中發現了通行許可證，由此可知當時在絲路旅行組成的團體都很小，大多是三五個人和幾頭家畜，以此理由認定絲路貿易對中亞─綠洲當地經濟幾乎沒有影響，在中亞史上的地位也沒那麼重要。但是這種理論過於淺薄，沒有考慮到偶然出土的文書特性。

如前述榎一雄的論述所闡明，若是考慮到旅途的安全，應不會幾個人與幾頭家畜的小團體單獨行動，一定會加入官營的大商隊，或是商隊隊長招募的民間商隊旅行。漢籍或出土文書極少有證明商隊規模的記述，但《周書》卷五十〈吐谷渾列傳〉中有段著名的記述，五五三年遭到西魏軍襲擊的吐谷渾商隊，為商胡（粟特商人）二百四十人、駱駝、驢子六百頭組成，運載了一萬匹以上的雜綵絲綢。

雖說絲路貿易的本質是高價輕巧的奢侈品貿易，但並不表示買不起奢侈品的一般百姓沒有參與。如果當地有于闐的玉或庫車磠砂（氯化銨）那就易如反掌，即使沒有特產品，只要有許多商隊團員下榻，旅館和民宿就有錢賺。旅館需要許多人手，於是雇傭便應運而生。然後，農民、牧民提供旅館各式各樣的食材和燃料，收下交換用的駝獸也能賺錢。從馬、駱駝的裝備，到背包、水壺等所有旅行用品，從事販賣與修繕的商人和工匠也能賺錢。賣武器或修理的商人和工匠賺錢。酒店、藥行賺錢，娛樂場所、妓院也賺錢。

《新唐書．西域列傳》中寫道：「龜茲、于闐置女肆，征其錢」，庫車、于闐甚至有官營的妓院。十一世紀侍奉加茲尼王朝的史家加爾迪齊（Gardīzī）以波斯語寫作的歷史書也曾提及，于闐的妓女名聲遠播，連伊斯蘭國度也知道。也就是說，藉著商隊的往來，絲路所經過各地方都市的在地經濟，也必定得到了滋潤。

另外，雖然並沒有明確記載商隊的往來頻率與社會生活，不過第五章第二節中會透過古回鶻書信中，就我了解的範圍談談這個部分。

PART 4

粟特到回鶻

圖　摩尼教經典的斷簡。摩尼教的生命樹與穿著白衣白冠、正在書寫的摩尼僧人。柏林國立亞洲藝術博物館藏。

一　宗教之路

世界的宗教圈

絲路是「在近代以前，連結歐亞東西南北的高級商品流通網絡，和文化交流的舞台」，當然也是「宗教之路」。自古以來，宗教的傳播與遠距離貿易商人的活動可謂一體兩面，所以站在歷史學的立場，著眼於宗教，就能看見當時經濟活動的實像與社會的變化。

說到「絲路的宗教」，最先想到的是佛教，與近現代在中亞穩定發展的伊斯蘭教吧。但是，經由絲路傳布的宗教並不是只有這兩種，瑣羅亞斯德教、基督教、摩尼教等宗教也藉此傳播，寺廟、教堂和清真寺一座座建立，王公貴族、商人們用蓄積的財富捐給寺廟豪華的裝飾和美麗的壁畫，為行路安全等各種心願祈禱，而寺院則靠著慷慨喜捨的金錢財物維持運作。

瑣羅亞斯德教、印度教和道教分別是伊朗系各民族（包含波斯人和粟特人）、印度人與漢人固有的宗教，所以並沒有打算向異族傳教，而佛教、基督教、摩尼教、伊斯蘭教都有創始者，屬於以布道為志向的普世宗教，從誕生地向其他地區傳播，除了摩尼教以外，其餘都成為流傳到現在的世界性宗教。

第二次世界大戰之後，世界的全球化愈漸發展，成為無疆界的狀態。所謂的文明圈或文化圈的定義，也愈來愈模糊。但是如果著眼於宗教與文字，二十世紀前半以前的歐亞世界，大致可以區分如下。

從西往東看，首先是兩個基督教字母文化圈，也就是西歐文化圈（基督教或新教，與羅馬文字）與東歐文化圈（希臘正教或俄羅斯正教，與希臘文字、西里爾文字），其中的西歐文化圈到了近代，更擴大到新大陸美洲、澳洲、紐西蘭。其次是以西亞為中心，從北非擴展到東南亞島嶼的伊斯蘭教文化圈（阿拉伯文字與近代波斯文字相同），以及從印度、斯里蘭卡到中南半島的南亞佛教文化圈（佛教或印度教，與印度系文字），而最東方則有東亞佛教文化圈（佛教或道教，與漢字）。這種文化圈的框架有助於理解世界史，而要探查究竟何時、如何誕生的話，我們不得不去理解八世紀前後的歐亞情勢（森安，二〇一〇，三頁）。

北傳佛教

二世紀初期，東漢王朝撤去設置在天山南路塔里木盆地的西域都護，統治西突厥斯坦—西北印度的貴霜帝國將勢力伸及塔里木盆地，佛教從犍陀羅、巴克特里亞傳入此地。

貴霜帝國的統治者來自伊朗系，固有的宗教是伊朗系民族特有的瑣羅亞斯德教，但是貴霜與同奉瑣羅亞斯德教為國教的波斯薩珊王朝不同，二世紀的迦膩色伽一世很典型對異教十分包容，熱中保護佛教，並且積極傳布為普世宗教。而且，貴霜帝國通過絲路，與東漢和羅馬帝國密切接觸，所以，一方面成為中國的絲綢運往西方的中繼站，另一方面也從西方接納希臘化文化，在其統治下開創了犍陀羅藝術。藉此將過去視為禁忌的佛陀形象，化為佛像的造形，對後世的佛教藝術帶來莫大的影響，為佛教傳布到西域、中國、朝鮮、日本貢獻甚巨。

佛教從西北印度的犍陀羅、喀什米爾、西突厥斯坦的巴克特里亞等地傳入中國的途中，塔里木盆地的綠洲都市國家肩負起重大的橋梁角色，具體來說在天山南路有西域北道的疏勒（喀什）、龜茲（庫車）、焉耆、高昌（吐魯番），以及西域南道的莎車、于闐、樓蘭等國。以前將佛教中所謂的北傳佛教稱為大乘佛教，而傳播到斯里蘭卡、東南亞的南傳佛教稱為小乘佛教，其實並不正確。

本書跟隨原史料的表現，不稱小乘佛教，而叫作上座佛教或部派佛教。其中代表性的一支「說一切有部」，在操吐火羅語的吐火羅佛教大本營——西域北道的龜茲和焉耆盛行，尤其龜茲是小乘教學的一大中心地。相對地，西域南道操伊朗系于闐語的于闐，很早就是大乘佛教的中心地。依據五世紀初法顯所寫的《佛國記》，鄯善和焉耆皆信奉小乘學，而于闐與其西方的子合國（現今葉城）屬大乘學。再往西走，到了帕米爾山區和跨越高原後的烏萇、犍陀羅屬於小乘學。八世紀前半的《慧超往五天竺國傳》也有同樣記述，西域北道與帕米爾山中為小乘，南道的于闐為大乘，但是烏萇改為大乘，犍陀羅與喀什米爾則改為大小二乘。

實際上，大乘學徒也會學習小乘部派的律，作為僧侶的生活規則，所以大小乘兼修很常見。例如：出身龜茲的鳩摩羅什最初學習小乘，前往小乘聖地犍陀羅—喀什米爾留學，接著又遊學西域各地，於喀什噶爾師事來自莎車的高僧，修習大乘學後，回到龜茲。後來，征服龜茲的前秦武將呂光將他帶到中國，學習漢語過了許多年，又被接到後秦首都長安。鳩摩羅什受到國家的庇護，將大量佛典譯成漢文，是中國佛教史前期最大的功臣。所以中國、朝鮮、日本的佛教自然都屬於大乘佛教。

過去流傳著一種看法，認為粟特佛教對回鶻佛教有直接而強大的影響，又或者說粟特人在佛教從印度傳入中國時，發揮了重要的角色。但現在，這種看法都被我和世界知名的粟特學者吉田豐所否定。尤其是粟特自古即為佛教國家、初期漢譯佛典譯者的康姓佛教僧人，全都是粟特本國的粟特人、粟特人從二到三世紀間是向中國傳布佛教的主要民族等，這些在日本東洋學界根深柢固的一般說法，都被吉田一一駁斥（吉田，二〇一〇b—一七a）。

在敦煌、吐魯番發現的粟特語佛典，並不是漢朝的作品，幾乎全部是唐朝從漢文佛典重譯過來的，由此可知粟特人來到中國後才歸皈佛門的例子很多。另一方面，出身安息帝國的初期譯經僧安世高、安玄，以及康僧鎧、康孟詳、康僧會等，具有粟特人姓氏的僧人，不是前往巴克特里亞、犍陀羅等貴霜帝國治下的佛教盛行地學習佛教，就是與經營絲路商貿的家人一起在遷居地改信佛教。相對地，支婁迦讖、支謙等支姓的譯經僧，則可視為出身自月支（月氏），也就是巴克特里亞。

除了鳩摩羅什之外，從西域或印度到中國的高僧，或是中國前往印度求經的僧人更是不勝枚舉，不過他們大多是通過絲路的綠洲之路或草原之路。其中的代表就是家喻戶曉的玄奘。他所著的《大唐西域記》和其弟子撰寫的傳記《大慈恩寺三藏法師傳》都是了解絲路實況的珍貴史料。

其實，這冊《大慈恩寺三藏法師》是在十世紀後半到十一世紀前半的高昌回鶻時代，翻譯成回鶻語。回鶻人在成為佛教徒之前的回鶻汗國時代，在粟特人強烈影響下成為了摩尼教徒，所以，這裡想解說一下其中原委。

向草原遊牧民傳布的宗教——回鶻改信摩尼教

在前近代，軍事力與經濟力是國家權力的基石，而且對身處國家中樞的掌權者而言，需要神話（始祖起源故事）等包含民族傳統的宗教性權威，來給自己的權力正當性背書，保證它的永續性。總之，建設新國家只要靠著武力建立的俗世權力就已經足夠，但要讓政權穩定長存，就需要神聖的權威。

說到中央歐亞草原地帶諸民族的宗教，是悠遠而原始自然崇拜的泛靈論，或是巫術性巫覡宗教。其中，最早採用普世宗教的民族團體，最應該舉出的例子還是八到九世紀的古代回鶻摩尼教和吐蕃的佛教吧。但更早的時代有西方日耳曼民族的基督教與東方五胡的佛教，只是這些都是經歷民族遷徙，進入農耕文明圈之後的事。此外，六世紀後半的突厥第一汗國中，也有統治者本人和周邊極少數人信仰佛教，保護外來的佛教僧侶，但也只是一時的風潮，很快就消退了。

歐美學界現在依然篤信，八世紀前半的突厥第二汗國，或信仰摩尼教以前的回鶻汗國也崇信佛教的說法。但是這是對史料誤解導致的結果，應該及早將這種謬論掃進歷史中（森安，一九八九a）。至於移居到帕米爾周邊和以西的突厥系遊牧民，大舉改信伊斯蘭教是在十世紀以後，比回鶻改信摩尼教的八世紀後半來得更晚。

八世紀中葉，回鶻汗國建立，並在第二任可汗完成草創期事業後，第三任牟羽可汗干預安史之亂，實行軍事擴張政策，並且開始布局，不只是「北方」草原，也將「南方」的農耕地帶納入視野，走向廣大的領域統治。所謂的布局就是拉攏粟特人與改信摩尼教。突厥人從前朝突厥第二汗國時代便已有文字，獲得了將自己的語言保存下來的能力。但是論經營組織性的遠距商業和文書行政能力，還是遠遠不及粟特人。

牟羽可汗知道，這個以武力統一的國家，若要建立行政機構，穩定仰賴絹馬交易的經濟，就少不了轄下粟特人的幫助。同時，部分粟特人是摩尼教徒，所以學界認為他因此傾向摩尼教。當時粟特人活躍於中亞、中國、蒙古各地，因此粟特人的宗教未必是摩尼教，毋寧說大多信奉原有的瑣羅亞斯德教，也有部分人信基督教，另外遷入中國的粟特人也盛行佛教。回鶻自其中選擇摩尼教作為國家宗教，賦予自己神聖權威的原因，應該是湊巧。也就是說可能他身邊的粟特人剛好是摩尼教徒吧。若是如此，也就不需要「來到東方的粟特人大多數是摩尼教徒」的前提了，因為有點不合理。

二 粟特與回鶻的接觸點

摩尼教是什麼？

摩尼教現今已經滅亡，不過在世界史上的意義絕不能小覷。

摩尼教的創始者摩尼是伊朗人，二一六年生於安息帝國統治下的巴比倫塞琉西亞—泰西封（**Seleucia-Ctesiphon**）。母親是安息帝國的王族，父親是熱中於洗禮運動的宗教家。母語是安息語。但摩尼是在視猶太教為與基督教同源的閃族一神教宗教環境中長大，平常說亞蘭語（敘利亞語）。當時，這個地區是宗教的融爐，自幼年就在各種宗教混合環境長大的摩尼，自稱十二歲與二十四歲時受到神啟，感受到自己必須成為先知的命運。

如此出生背景的摩尼在汲取了伊朗民族固有的瑣羅亞斯德教、發源於美索不達米亞的猶太—基督教、希臘化時代的諾斯底主義，以及從印度佛教、耆那教等學到的思想，所創始的二元論折衷宗教，便是摩尼教。因此，天國與地獄的觀念、輪迴的概念、最後審判、救世主（彌賽亞）思想、三際的時代區分、出家與在家的區分，和極端不殺生主義都混為一體。

摩尼教教義的核心為完全的二元論，萬物是由光明的元素與黑暗的元素混合形成的。光明的元素是精神，便是善。相反地，黑暗的元素是物質，叫作惡。總之，摩尼教就是光明與黑暗的二元論，而以人類而言，便是善的靈魂（精神＝光明元素）與惡的肉體（物質）所組成。不只是人類，世上的所有動物、植物都是同樣的原理。而讓善的光明從肉體中淨化，回歸光明的天國，便是摩尼的基本原理。在這種完全的二元論基礎下，發展出極端複雜而獨特的宇宙創造神話，並且運用繪畫將其視覺化（摩尼教繪畫的實例，請參照本書第二二五到二三一頁的圖27到31）。

■ 摩尼教的東西傳播

摩尼教曾經是基督教最大的對手。基督教直到四世紀才終於獲得羅馬帝國的承認，但是在當時的羅馬帝國，比基督教晚傳入的摩尼教超越追趕，在四到五世紀來到鼎盛期。

聖奧古斯丁（三五四到四三〇年）對基督教教義的確立貢獻卓著，但他早年曾信仰摩尼教，在母親莫尼加的影響下改信基督教後，發表了多冊辯駁摩尼教的論著，在歷史上留名。為了和摩尼教對抗，基督教把自己的教義武裝得更有理論，改變成為後代的天主教。

摩尼教在現在的世界史上評價並不高，但是，我想仿效比利時歷史學家亨利．皮雷納（Henri Pirenne）的名言：「沒有穆罕默德就沒有查理曼」，主張「沒有摩尼教就沒有基督教」，給予摩尼教高度評價。由於最後敗給基督教，所以歷史評價低，這也是「成者為王，敗者為寇」的例子。但是，摩尼教的思想不但長存於基督教的異端波格米勒派、卡特里派、阿爾比派，直到中世紀，而且也向伊斯蘭教先知論提供本質的部分，構成伊斯蘭教的儀式基礎（Tardieu，二〇〇二）。

順道一提，佛陀成為基督教的聖人，也是透過摩尼教的仲介。雖然不能證明，但是中世紀的聖經中穿插豪華的插畫（袖珍畫），或是月曆上將星期日以紅字標示，恐怕都是受到摩尼教的影響吧。

另一方面，向東方傳道的摩尼教，在西北印度─中亞遇到佛教與耆那教，不僅摩尼教本身受到影響，對北傳佛教變遷和發展上也造成不少的變化。淨土宗的主佛是阿彌陀，梵語名Amitābha是「無量光」的意思，也許光明宗教摩尼教在阿彌陀信仰盛行的過程中，占有一席之地。此外，摩尼死後，摩尼教徒將教祖摩尼與彌勒等同視之，但彌勒信仰基本上很可能是西北印度到中亞方面嚴重宗教混雜下的產物。

學界普遍認為將摩尼教從中亞傳到中國的是粟特摩尼僧人，然而六九四年來到中國的摩尼教團第二把交椅拂多誕是波斯國人，七一九年從吐火羅國（舊巴克特里亞）前來的摩尼教團中，有一位持有教首慕闍稱號的高僧，所以也許有波斯人或巴克特里亞的摩尼僧人參與其中。

中國在六九四年唐武則天執政時代，有摩尼教傳來的正式紀錄，但最近新發現的粟特人墓穴，透過墓中的石製浮雕，經過學者討論後，出現了再早一個世紀的說法。不管何者正確，摩尼教最受矚目的時期，是在八世紀後半到九世紀前半，當時回鶻汗國成為中央歐亞東部霸主後，將摩尼教奉為國教，而作為後繼國家統治東部天山地方的高昌回鶻王國，也維持這種狀態直到十世紀後半到十一世紀初期。值得一提的是，世界史上唯有回鶻將摩尼教奉為國教。

▓回鶻汗國時代

粟特人與回鶻人的連結，從第三章第二節談過的七五七年建設白八里（富貴城）便可初見端倪，接著是安史之亂和摩尼教傳入的時候。有粟特血緣的安祿山和史思明引發的安史之亂（七五五到七六三年）極為嚴重，幾乎使唐朝陷入存亡的危機。後來靠著回鶻的騎馬軍團力挽狂瀾，從此之後回鶻對唐居高臨下，予取予求。

靠著回鶻的威勢，唐朝的主要城市建設了摩尼教寺院，而粟特人便將這些寺院作為踏板，幾乎壟斷了以絹馬交易為首的絲路貿易利益，不只如此，更通過「回鶻錢」嚴重影響了唐朝的國內金融。回鶻錢從字面來翻譯的話，就是回鶻流通的錢，但是回鶻人是純粹的遊牧民，不可能突然學會操控金融資本。自古以來從事絲路貿易的粟特人，他們支配的金融資本才是回鶻錢，實際上根本就是粟特錢。

不管是摩尼教寺院也好，佛教寺院也罷，當時的大寺院擁有宏偉的建築，相當於兼營貿易業、製造販賣業、旅館業、倉庫業、金融業的綜合貿易公司。

粟特人與漠北騎馬遊牧民集團的親密關係，從鮮卑、柔然、高車、突厥的時代開始，悠遠綿長，並不特別值得一提。只是與過去有個極大的差異，那就是粟特人與回鶻緊密連結的背後，存在著摩尼教。

但是，粟特人的固有宗教畢竟還是瑣羅亞斯德教，粟特母國並不是佛教國家，更不是摩尼教或基督教國家。粟特人口並沒有那麼多，到底有多少人信奉摩尼教本身就是個很大的問號，因此認為進入回鶻汗國的粟特人十之八九都是摩尼教徒的看法，實在極不合理。即使如此，所有的情況證據都顯示，在回鶻傳布、普及摩尼教的中間人就是粟特人。回鶻語文獻中可見的摩尼教用語，幾乎全是借自粟特語，又或是以粟特語為仲介的安息語、中古波斯語。在回鶻傳布摩尼教的粟特摩尼僧人，據信是從唐代北中國與天山南北路（東突厥斯坦）兩路來到蒙古。

將摩尼教引進回鶻的，就是率領回鶻軍隊鎮壓安史之亂的第三代牟羽可汗。但是，牟羽可汗於安史之亂拯救唐朝這件事，是從結果論來看，其實一開始是安史勢力（具體來說是史朝義）寫信請求聯手一起滅唐，在這樣的誘因下，牟羽可汗才大舉揮軍進犯北中國。但是，由於種種因緣巧合，在唐為官的突厥武將僕固懷恩之女成了牟羽可汗的王妃。唐朝朝廷令僕固懷恩擔任使者，試圖靠著這份父女人情讓牟羽可汗改變心意。於是，回鶻運用在唐朝和安史勢力兩方都有不少人的粟特人網絡搜集情報，最後做出從安史勢力倒戈，幫助唐朝的判斷。

學界一般認為摩尼教是在牟羽可汗時代成為國教，不過這未免言過於實。其實七七九年，頓莫賀達干集結保守派的反摩尼勢力發動政變，殺害了牟羽可汗和心腹二千人，其中包含了多名粟特人。因此進入了摩尼教和粟特人都遭到迫害的時代，不過時間並不長，在七九五年第七代懷信可汗即位之前，粟特人又重新從事絹馬交易，懷信可汗（在位七九五到八〇八年）時代，摩尼教才終於穩固了國教的地位。

以上的觀點是從描述回鶻汗國時代的漢籍史料，與以漢文、粟特文、回鶻文三種語言書寫的喀喇巴爾噶遜碑文，以及下個時代的高昌回鶻留下的回鶻文書對照研究後，得到的歷史面貌（森安，二〇一五；森安／吉田，二〇一九）。

高昌回鶻王國時代

稱霸中央歐亞東部的回鶻汗國，在八四〇年為同屬突厥系遊牧民族的黠戛斯所滅。許多回鶻人逃到今天新疆維吾爾自治區天山山脈方向，建立高昌回鶻王國。王國的半數領土是沙漠綠洲地帶，國祚延續了約三百五十年，直到臣服於蒙古成吉思汗。最初的一百年還是奉摩尼教為國教。

我在博士論文（森安，一九九一）運用各種史料論證回鶻國教從摩尼教轉為佛教的過程，不過這段交替是從十世紀後半到十一世紀前半之間緩慢進行。總之，兩者至少並存了五十年，也有可能達一百年左右。之後的二百到二百五十年，以及進入蒙古統治之後，自始至終都以佛教為重。

如同「四大文明」都與文字的發明脫離不了關係，在「中央歐亞型國家強勢時代」揭開序幕時，也突顯了文字文化的重要性。遼、金、西夏的契丹文字（大字）、女真文字、西夏文字，形態上都與漢字極為接近，可知受漢字文化深厚的影響（不過，契丹小字是受回鶻文字的影響）。然而，以東部天山地方為根據地的高昌回鶻王國，雖說領域內有自唐代便定居的漢人，受到漢字文化相當的影響，但程度遠不及遼、金、西夏。

高昌回鶻國人的視線並非只放在東邊的中國，而是南從西域南道一帶到西藏，西從西部天山地方到西突厥斯坦，進而遠至印度、伊朗一帶。這麼遼闊的視野讓我來說，是傳承自粟特人。回鶻文字的雛形正是粟特文字。回鶻人不僅接收了粟特人的摩尼教和文字文化（包含文書行政等），也繼承了粟特網絡的商業和資訊網。正因為如此，高昌回鶻國人的視野才會比遼、金、西夏人寬闊得多。回鶻人開始接觸佛教文化的十世紀後半到十一世紀前半，玄奘的《大唐西域記》和《大慈恩寺三藏法師傳》也都從漢文翻譯成回鶻語。

依據日本傲視國際的古回鶻文契約文書研究，揭開了文字文化傳播由「漢文→回鶻語→蒙古語」的軌跡。但我在本書第五章會談及古回鶻語書信的格式研究，證實了「粟特語→回鶻語→蒙古語」的過程。也就是說摩尼教與書信格式明顯是「從粟特人傳承給回鶻人」。

三 從摩尼教到佛教

摩尼教寺院經營令規文書

這裡引用的吐魯番出土回鶻語文書，是高昌回鶻王國政府交付給冬季首都高昌的摩尼教寺院的「摩尼教寺院經營令規文書」（圖11）。這也是幾乎唯一流傳到今日，可以解釋在回鶻獲得「國教」地位的摩尼教寺院，實際上受到國家什麼樣的優待，以及如何經營的寶貴文件。

這份文件現在收藏在北京的中國國家博物館，列為一級品（相當於日本的國寶）。我曾在親眼看過原件情況下，在自己的博士論文中詳細研究（森安，一九九一）。本文件原為卷子本，現存的部分長二百七十公分，寬三十公分，卷首殘缺。從內容來判斷，失去的部分相當長，剩下的回鶻文為一百二十五行。

本文件在十一個位置蓋有長寬都約十公分大的漢字朱方印。光是這一點就意味著其為官方的文件。印文為「（1）大福大迴鶻（2）國中書門下（3）頡於迦思諸（4）宰相之寶印」，整個印的意思是「洪福齊天之大回鶻國的（以漢語來說）中書門下，（以回鶻語來說）頡於迦思（il ögäsi）宰相們之寶印」。頡於迦思即前代回鶻汗國時代，就已存在的回鶻稱號 **il ögäsi**，「國之顧問（宰相）」的漢字拼音。

總之，本文件便是高昌回鶻王國政府中樞發布的公文，寫於高昌回鶻時代前期，約為十世紀中葉，這一點絕無疑義。高昌回鶻王國的領土東部天山地方，從高昌國時代到唐代前期都由漢人統治，所以在九世紀中葉，回鶻人成為統治者後，地方上的居民仍有許多是漢人，漢文與回鶻語同樣維持官方語言的地位。漢字是表意文字，所以用於必須在狹窄空間表達許多

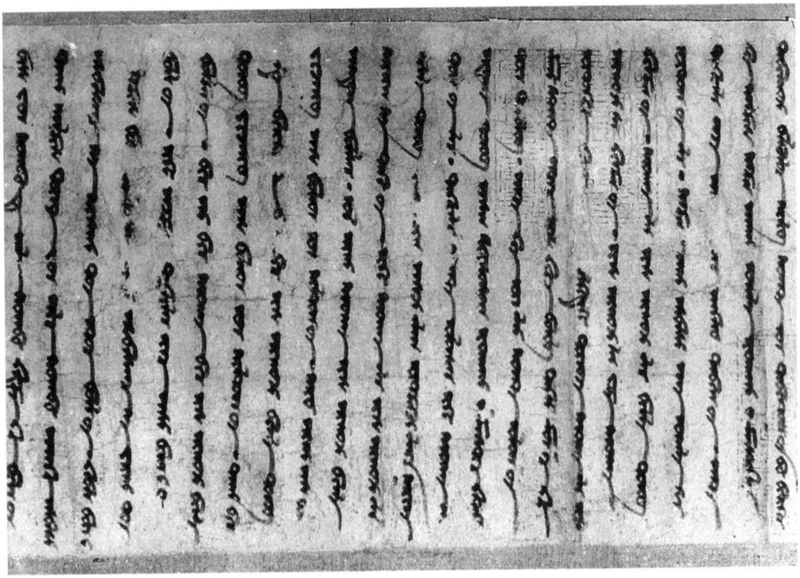

圖11　摩尼教寺院經營令規文書。自左至右直書。北京，中國國家博物館收藏。

意思的印章上十分方便。回鶻文件經常會蓋有這類漢文朱方印。

摩尼教寺院的經營實況

摩尼教寺院經營令規文書中，iš ayγučï，「幹事」，xroxan，「呼嚧喚」兩種職掌是關鍵字。

iš 是「工作、事情，要件、業務」，ayγučï 是「發言人、發命令、下指示者」的意思，上自可汗的顧問，下至低級官吏，可以有各種層級。本文書的 iš ayγučï，從他的業務內容，或是任務上出錯給予處罰等規定看來，並不是那麼高的職務。我用「幹事」來翻譯這個指揮摩尼寺經營（寺院經濟）相關各種事務的職位，這個幹事是政府派遣的俗世官員。

至於 xroxan，也就是「呼嚧喚」，工作內容和幹事一樣，都是雜務。而且若是在任務上出了錯，也規定與幹事一起受罰。從這裡看來，這個職務應該也不是太高。但是，擔任呼嚧喚的是摩尼教僧侶，每月輪流的值班制負責工作。以下引用段落是挑出與幹事和呼嚧喚相關的地方：

〔三六—三八行〕摩尼寺所有……業務，兩呼嚧喚應與幹事們一同負責管理。

〔四四—五一行〕一個月內，一名呼嚧喚與一名幹事共同輪值，監督做好伙食。進而（下）一個月另一名（呼嚧喚）與一名幹事共同輪值，監督做好伙食。如果哪個月的飯菜不好，應對該月的呼嚧喚與幹事處以禁錮刑。兩呼嚧喚與兩名幹事共同輪值，繼續監督差勁的廚師與麵包師父。

〔八五—一〇〇行〕兩幹事應差遣人好好耕作摩尼寺所屬的東西園林、葡萄園、田地，不論旱田有多大，都應多多少少讓佃農整理土地，獲取基本收益。有收益的土地，應使之勤加耕作，增加收益。兩幹事不得互相轉嫁責任。若是互相轉嫁責任而使業務惡化，應處以刑罰。

有關田地、園林、葡萄園的事情，聖慕閣、拂多誕、呼嚧喚（即摩尼僧人方）不得干涉，應由幹事們負責。向幹事塔該—巴爾茲財務都督傳令的雜役叫作庫塔多米休—伊根，向幹事庫瑪爾—巴爾茲—塔爾干傳令的雜役是伊爾—巧魯米休。他們工作做得好時，應給予稱讚和褒獎。若是做得不好，應處以（鞭）刑三百。

根據摩尼教的教義，摩尼僧人的飲食是為了攝取植物性食物中的光明元素，是一種重要神聖的行為，也是宗教儀式，絕對不可草率馬虎。

摩尼僧人每個月輪值擔任呼嚧喚的職務，符合摩尼教團表面上禁止一切生產活動，生活上必要的糧食、燃料和值錢物品全部由世俗信眾（摩尼教團稱為「聽眾」）提供、布施的狀態。另外，俗家幹事按理不住在摩尼寺，如同國家公務員，居住在固定場所，但為了執行任務，日常必須與同組的呼嚧喚取得聯絡，所以有「傳令雜役」負責聯繫。傳令員一定也是俗家人。

▩摩尼教寺院的規模

接下來，再探討一下政府交付這份文件的摩尼教寺院規模（人數）。首先應著眼於主食──小麥的消費量：

〔二六─二八行〕每月兩僧團僧尼應取得八十石小麥、七石胡麻、二石豆子、三石粟米……作為糧食。

〔七三─七七行〕一年份的糧食──小麥麩為二百石。這二百石麥麩中，一百石的麥麩給拉車牛隻食用。（剩下的）一百石麥麩讓聖慕闍與拂多誕的座騎馬食用。這一百石麥麩由亦黑迷失保管，混入（飼料）讓馬匹食用。

每月八十石小麥的話，一年就要九百六十石，小麥磨成粉後剩下的殘滓麥麩就有二百石。這裡解釋一下，唐代的一石約為現在的六十公升。那麼，除去供作食用油使用的胡麻之外，共計八十五石的穀物（八十石小麥＋二石豆子＋三石粟米）每個月可以養活多少人呢？依據漢籍，若以唐代一般男丁一日食糧為二升米為標準，換算成一個月，是六十升＝〇．六石。與這份文件同時代、在乾祐二年（九四九年）出現的一份〈請沙汰僧人疏〉中，一日僧尼的食糧以米一升來計算。這麼算的話，每個月僅需要三十升＝〇．三石。

由於吐魯番的回鶻人使用的容量單位一定是承襲唐制的石斗，所以八十五石除以〇．六石的話，答案是一百四十二人，以〇．三石來除的話是二百八十三人。但是，摩尼僧人禁止一切勞動，包含農業與商業，而且還要遵守一日一食的戒律，所以，穀物消費量當然應該估算得更低。而且唐代一石相當於現在約六十公升，所以〇．六石為三十六公升，若是按日計算，即為一．二公升。不用幹力氣活的人來說，這個量有點太多。即使一半也夠吃。如果是這樣的話，本文書中每月八十五石穀物可以養活的摩尼僧數量，應該超過二百五十人。就算估得再更少，也將近二百人。接著來看看甜瓜的消費量：

〔七八—八二行〕溫宿—窩魯朵的土地（複數形）給三個人吧。（獲賜土地者）每天各帶二十個甜瓜到摩尼寺。給大摩尼寺三十個甜瓜吧，給小摩尼寺三十個甜瓜吧。亦黑迷失將這些甜瓜集中起來帶去吧……的話應對亦黑迷失處刑。

三名甜瓜生產者每天各提供二十個甜瓜，所以大小兩摩尼寺每天可以配給三十個甜瓜。對摩尼教徒來說，甜瓜是特別重要的食物。戒律規定禁食肉類，所以摩尼僧人必定是素食主義者，但他們特別重視蔬果，因為摩尼教徒相信，果實在發育時需要大量的太陽光，因此蘊藏著豐富的光明元素。摩尼僧人的飲食，是「解放」食物中所含的光明元素，乃是一種嚴肅的宗教行為，所以食物中的光明元素多多益善。其中以甜瓜和黃瓜（胡瓜）等瓜類為代表。在吐魯番，還有葡萄和西瓜（森安，一九九一，八一頁）。

吐魯番和哈密特產的甜瓜，不但體積大，而且糖分很高，不太能吃得多，更何況每天都吃。摩尼僧規定一天一食，所以，假設一人吃四分之一個瓜，這份文書所說的六十個就是二百四十人份。即使一人吃三分之一，也是一百八十人份。這與根據穀物消費量來推測的人數相近。

中國本土的佛教寺院，僧侶若有一百人以上的話，就屬於大寺的等級，所以，即使我們這份令規文書的對象是大小摩尼兩寺，大致推測得出它們的規模有多大。過去，舊高昌回鶻領土內已知有摩尼教寺院的地方，有高昌（Qočo）的遺跡K與遺跡α和柏孜克里克、交河（Yar）、吐峪溝、吐魯番（Turpan）、北庭（Biš-balïq）、焉耆（Solmï）。

其中又以遺跡K最大。我們二〇〇七年去當地調查時確認，它的規模比過去的報告來得更大。所以本令規文書的交付單位幾乎可以肯定就在那裡。除了這裡之外，不可能有像這麼大規模，而且受到國家隆重保護的摩尼教寺院。按這個推測，本文書中提及的大摩尼寺是遺跡K，小摩尼寺必然是同在高昌故城內的遺跡α了吧。因為大小兩摩尼寺並非獨立的兩座寺院，只能把它視為由一名慕闍統領的一座寺院，才能解釋合計大量穀物、甜瓜等的原因。

■摩尼教與佛教的雙重窟、雙重寺院

自八世紀末以後，摩尼教維持回鶻國教的地位約二百年，最後終於讓給了佛教。回鶻從摩尼教改信佛教是在十世紀後半到十一世紀前半之間緩慢蛻變，但是改宗的原因無可察考。

但是最大的原因很可能是高昌回鶻王國中，當地被統治的吐火羅人和漢人人口，比一個世紀以前移居到這裡的統治者層多，而且信奉佛教的人占多數，向統治者層努力傳布佛教的關係。

將視野擴大到整個東吐厥斯坦，在伊斯蘭化之前，佛教在那裡興盛了約一千年，在庫車的克孜爾千佛洞、焉耆的七個星遺址、吐魯番的柏孜克里克、勝金口、吐峪溝等地都留下了佛教的石窟寺院群。另外，經由絲路貿易與高昌回鶻王國有直接接觸的于闐王國，和河西歸義軍政權（實質的敦煌王國）都是佛教國家。

不過，唯獨吐魯番的柏孜克里克千佛洞有明確的證據，顯示在前後兩段佛教時代之間信奉摩尼教。該地有這裡要介紹的摩尼教與佛教的雙重窟，也就是原本的摩尼教石窟內部，用曬乾的紅磚砌成新的牆面，畫上佛教壁畫，修改成佛教窟。不，說得更精確一點，是三重窟。因為整個柏孜克里克石窟從六到七世紀開始，便開鑿作為佛教窟。其中一部分在九到十世紀改成摩尼教窟，直到十一世紀以後，才再度改成佛教窟。

柏孜克里克最新編號的第三十八窟（格倫威德爾〔Grünwedel〕編號第二十五窟）是最佳典型。本窟開鑿的時間不詳，但是最早應該是當作佛教僧侶下榻的僧房，有長期煙燻的痕跡。這個洞窟是從不甚堅固的石崖側面開鑿出來，深八公尺，寬二．五公尺，從地面到圓弧

圖12　柏孜克里克雙重窟後牆上的生命樹。作者攝影。

圖13　雙重窟後牆生命樹的彩色素描。雅科夫萊夫（A. Jacovleff）繪於1931年。

圖14　雙重窟後牆生命樹的黑白素描。格倫威德爾（A. Grünwedel）繪於1906年。

狀的頂部高為二．三公尺。後牆面有圖12－14那類的摩尼教壁畫，下方放著長椅或床。很有可能有一個人以此為榻。進而在後牆左下方有一條小徑，通往更深處的倉庫。人們就在這個充滿生活痕跡的佛教洞窟，整面塗上白漆（石灰）來加以修整，又在後牆與部分側牆畫上壁畫，打理成摩尼教石窟。

而更新的佛教窟是從摩尼教窟正中央的稍前方，用曬乾的紅磚朝內將左側牆壁到洞頂砌上新牆壁打造而成。右側的牆壁只在舊牆上了一層薄漆而已。從裡面往外拍的照片（圖15）

就可見端倪（由於從裡往外看，所以左右相反）。這個佛教窟也有圓弧型的洞頂，不過頂部和牆面都比摩尼教窟修飾得更整潔。牆上面的壁畫就是所謂的回鶻佛教壁畫，定年在十一到十三世紀。

我們來看看正面（後牆）以三支幹大樹為中心主題的摩尼教壁畫細部。一看就明白，這幅畫的中心主題是一棵有三支樹幹的樹木，每支樹幹各有一個分叉，還有寬闊葉子、巨大的花與葡萄的房狀果實。葡萄樹並非樹幹粗大的喬木，而是樹幹細瘦的灌木，經常被比喻為「生命樹」，所以這棵三支幹的樹木，無疑就是摩尼教「光之國（天國）」的象徵「生命樹」。樹的根部接近半圓形的輪廓，看起來像個水

圖15　雙重窟的內部結構（從裡面往外）。作者攝影。

盤。據說「生命樹」是生長在「生命之水」的湧出口，靠著天國流出的「生命之水」灌溉成長，所以這個半圓形可視為水鳥悠游的天國之池。

生命樹的周圍畫著十二位（左右各六位）人物，幾乎都採取禮拜姿勢。依據我解讀牆面留下的回鶻語銘文，最內側隔著三支幹相對的兩人，是本摩尼教窟修建時提供財政支援的回鶻貴人夫妻，他們是俗家弟子。其他有著天使翅膀的人物，和有著象頭、穿著腰帶的人物，全都是保護他們兩人的守護靈團體（森安，一九九一）。

柏孜克里克有好幾處這種雙重窟，但在冬都高昌故城，則有將摩尼教寺院修築成佛教寺院的雙重寺院，那就是前面提過的小摩尼寺院遺跡α。在解讀從那裡出土的回鶻文木柱文書，並且與其他回鶻文書的內容比較考察，得出小摩尼寺院是在一〇〇八年改建成佛教寺院（森安，二〇一五）。

■回鶻佛教——粟特系回鶻人（之二）

二十世紀初期，在敦煌、吐魯番盆地各個遺跡發現的龐大文獻資料，統稱為「敦煌吐魯番文書」，其中大量的回鶻語佛典，與留在吐魯番盆地柏孜克里克、吐峪溝、勝金口、焉耆的七個星、庫車的庫木吐喇等石窟的回鶻風格佛教壁畫，都是十到十四世紀回鶻佛教的遺產。由於回鶻佛教繼承了較早的說一切有部（小乘的一支）吐火羅佛教，與大乘佛教的漢人佛教，所以在輪迴方面，混合了我們日本人也很熟悉的地獄、餓鬼、畜生、阿修羅、人間、天等六道，與一切有部缺少阿修羅的五道。此外，印度梵語起源的回鶻佛教用語，大半是經由吐火羅語借用而來的。

柏孜克里克第二十窟（格魯威德爾編號第九窟）的構造與壁畫，是回鶻佛教繼承吐火羅佛教與漢人佛教雙方，以視覺表現的典型例子。透過過去的研究（百濟，一九九二；入澤，二〇一一；森，二〇一七；橘堂，二〇一三、二〇一七）得知，中堂以千手觀音為主佛的大悲變相圖，源自於漢人佛教。而圍繞中堂的回字型設計迴廊，畫得十分緊密的十五面佛陀誓願圖，源自吐火羅佛教。而畫在迴廊出入口的供養比丘像也是漢人（圖16）與吐火羅人（圖17）兩種。

柏孜克里克的回鶻風格佛教壁畫中，也低調描繪了王族、貴族或富裕商人等許多布施者（供養人），他們的容貌與我們日本人一樣，都是黑眼黑髮、臉部扁平、眼睛細長，是典型的蒙古人種。

但是第二十窟誓願圖的一部分，出現了一些商人，那容貌怎麼看都像是高加索人（圖

18、19）。這是柏孜克里克壁畫，所以，這些佛教徒的布施者當然是高昌回鶻王國時代的回鶻商人。回鶻人原本是蒙古人種，為什麼會長得這種容貌呢？剛開始時我也很困惑，很幸運地，我在漢文史料中找到解開這個疑問的鑰匙。

這份史料，是十二世紀南宋使者被北中國金朝扣留時的見聞錄《松漠紀聞》。書中記述來自西方的佛教徒回鶻商人特徵時：「其人卷髮深目，眉脩而濃，自眼睫而下多虬髯」（頭髮捲曲，眼睛深邃，眉毛美而濃，睫毛一帶往下鬍鬚多），完全就是高加索人種的身體特徵。

圖16　柏孜克里克壁畫中的漢人僧侶。Le Coq, *Chotscho*, pl. 16a.

圖17　柏孜克里克壁畫中的吐火羅僧侶。Le Coq, *Chotscho*, pl. 16b.

進而到十世紀以後，可以發現來向中國各王朝朝貢（實際上是貿易）的回鶻商人，大多是安、康、曹、石姓，這些都是粟特人特有的姓氏。由於西突厥斯坦的粟特本國，已經完全伊斯蘭化了，所以這些回鶻商人的真實身分，絕對是在高昌回鶻定居的前粟特商人後代。這些所謂的粟特系回鶻國人到了此時，已經忘了祖先的粟特語，只會說突厥語系的回鶻語了。回鶻文吐峪溝碑文被認為是十二世紀的產物，內容記述著布施的土地和物品，以重建沒落一時的佛教寺院。而核心人物就是安姓的粟特系回鶻佛教僧人。

圖18　柏孜克里克壁畫中布施的粟特系回鶻商人。Le Coq, *Chotscho*, pl. 22.

圖19　柏孜克里克壁畫中布施的粟特系回鶻商人。Le Coq, *Chotscho*, pl. 28.

前期的回鶻佛教承接了從摩尼教改宗佛教的脈絡，顯現出濃厚的摩尼教影響。尤其是從摩尼教時代，推斷彌勒為摩尼而開始信仰，於最初就十分顯著。此外，受到摩尼教為光的宗教影響，對意指「無量光」的阿彌陀信仰也很興盛。與光相關的佛典《金光明最勝王經》或《天地八陽神咒經》都成為流行的抄經對象。

況且，摩尼教重視一般信徒在生活中的懺悔，所以與懺悔有關的佛經也很流行。當然，其他如釋迦、毘盧遮那、藥師如來、觀音（十一面、千手千眼、如意輪等）和文殊、普賢、地藏等菩薩、毘沙門天、廣目天、鬼子母神等，都會出現在佛經批註、壁畫、布幡、書信類，與平安時代日本佛教沒有太大的差異。

與鎌倉時代同一時期的蒙古帝國時代，回鶻佛教明顯受西藏佛教深厚的影響。而且回鶻人知識廣達豐富，因而從佛教僧人到知識分子、武人等都受到蒙古政權的重用。因而在政治上回鶻人成為「色目人」的領袖，文化上，回鶻文字原封不動成為蒙古文字，回鶻佛教也成為蒙古佛教的母體。

有趣的是，我們日本人將漢語直接訓讀，*創作漢字假名交雜的文字，同樣地，回鶻人也訓讀漢語，在回鶻表音文字中嵌入漢字「訓讀」。在回鶻文字直寫字母列中參雜了漢字的形式，與日本古抄本平假名參雜著漢字幾乎不分軒輊。

據說，能闡明唐代傑出漢字文化的精華已消失在中國本土，只有東方的正倉院文書與西陲敦煌吐魯番文書還保留著。事實上，吐魯番出土的回鶻文書中，有相當數量是用回鶻文字拼音抄寫漢文佛經，東大寺的森本公誠長老發現，其中與東大寺修二會**念誦的漢文相同。他進而考察二月堂主佛光背上雕刻的千手觀音與周圍的坐佛後，指出二月堂與柏孜克里克石窟的千手觀音信仰，在本質上的部分是相同的（稻本，二〇〇四）。我聽了也十分驚訝。回鶻佛教對我們來說，絕非遙不可及的存在。

＊ 譯註：相對於音讀是保留漢字傳入日本時的發音，訓讀是用日本原有同義字的發音。
＊＊ 譯註：東大寺每年於二月堂舉行消災悔過的法會。

PART 5

回鶻網絡的盛況

圖　佛教石窟的布施者回鶻貴族。柏孜克里克石窟的壁畫。

一　解讀古回鶻語文書

典籍史料與出土史料

在人類歷史上能促進人類遷移，並且雖然只有斷簡殘篇，但能留給後世各種史料的，除了宗教，只有商業活動能與之匹敵。在這章中，我們將從這類商業活動附帶的契約文書和世俗信件，探討在絲路往來的人類動態和社會生活。

歷史學的基礎，終究還是來自文字史料。過去留下的東方漢籍、西方希臘語、拉丁語文獻，和伊斯蘭崛起後的中亞阿拉伯語、波斯語等文獻史料，其豐富性都有助於重建近代以前的世界史。中央歐亞的歷史，便只能靠著這些「外部」的典籍史料建立骨架，然後再用限定時代、地域的當地語言史料添加血肉來完成。

使用莎草紙、紙張、羊皮紙、木簡、竹簡書寫的當地語言史料，大多都是偶然在土中或石窟中發現，發現地點自然是這類材料不易腐壞的大乾燥地帶，也就是集中在中央歐亞—西亞—北非。而中央歐亞東部出土的史料，以瑞典探險家斯文・赫定（Sven Anders Hedin）、英國的馬可・史坦因（**Marc Aurel Stein**）、法國的伯希和（**Paul Eugène Pelliot**）、德國的阿爾伯特・勒寇克（**Albert von Le Coq**）和格倫威德爾、俄羅斯的彼得・科茲洛夫（**Pyotr Kuzmich Kozlov**）與謝爾蓋・奧登堡（**Sergey Oldenburg**）、中國的黃文弼、日本的大谷探險隊等發現的吐魯番文書、敦煌文書、樓蘭文書、尼雅文書、于闐文書、庫車文書、巴克特里亞文書、黑水城文書等最為有名。

這些文書都是依發現地點而取名的文獻，若是按語言來分類的話，有犍陀羅語文書、粟特語文書、巴克特里亞語文書、于闐語文書、吐火羅語文書、漢文文書、回鶻語文書、西藏語文書、西夏語文書、蒙古語文書與其他。本書所稱的回鶻語，正確來說應是「古回鶻語」，但是太煩雜，所以大多省略了「古」字。

此外，古回鶻語與現代維吾爾語的基本文法雖然沒有太大差異，但是伊斯蘭化之前與之後的語彙完全不同。說得極端點，就像是「早上，我駕馬車去教會」，現代語變成「**In the Morning, I drove a carriage to church**」，差異大到相互理解都有困難。能直接解讀未經轉抄成羅馬字母的古回鶻文字，在日本不超過十人，世界上恐怕不超過一百人吧。

回鶻史與古回鶻語文獻的時代區分

古代的回鶻民族雖然從七世紀起就在漢籍史料中出現，但是他們在八到十四世紀才在內外蒙古、北中國，以及現在新疆維吾爾自治區到甘肅省等中央歐亞的東部，展現出耀眼的成就。如果將它分成三個時期，是①回鶻汗國（七四四到八四〇年），②高昌回鶻王國（九世紀中葉到十三世紀初期），③蒙古帝國統治下的回鶻斯坦時期（十三到十四世紀）。而且他們雖然留下許多回鶻語文獻，但其中寫在紙上的文書，只有第②期與第③期，這些史料大致可以分成典籍類、文書類、碑銘類。各種契約和書信屬於其中的文書類。時代限定在十到十四世紀。主要的出土地點在新疆維吾爾自治區吐魯番盆地內的幾個遺跡、甘肅省敦煌的千佛洞（莫高窟）與內蒙古自治區的黑水城遺跡。

我提議將到目前為止包含宗教文獻和世俗文獻，所有回鶻語文獻的文體，分成（1）楷書體、（2）半楷書體、（3）半草書體、（4）草書體四個類別，主張可以用文體進行時代判斷。幸運的是在學界已獲得了認可。宗教經典或碑銘類使用的楷書體，不論什麼時代都有可能。但是行政或軍事相關的公文書，以及包含契約、書信等私人文書，可以說幾乎完全不用這種字體。

回鶻語文獻除了哪個時代都有的楷書體文書之外，可依字體分成兩大類。即用半楷書體寫的古文類（十到十一世紀前後），與用草書體寫的新文類（十三到十四世紀）。換言之，按年代比較推斷，半楷書體的文書出現在高昌回鶻王國時代，草書體文書則是在蒙古帝國時代。

契約文書與書信文書

契約文書從起首到末尾幾乎都有固定的寫法，所以比較容易解讀，在這一百數十年間，基本上研究已經完成了。文字全部是繼承粟特文字的回鶻文字，除了小碎片約有一百二十件，整理成《回鶻文契約文書集成》（ウイグル文契約文書集成，山田信夫著，小田壽典／P. Zieme／梅村坦／森安孝夫合編，共三卷，大阪大學出版會，一九九三）。

相反地，書信文書每一份都是獨一無二的，難解的內容真的很多，直到現在也還未完全解讀。困難的原因五花八門。第一，回鶻文字只有二十幾個文字，是筆劃單純的字母，a與ä、o與u、ö與ü、q與x和γ都是同一個字，而且其他還有好幾個很像的文字。因此除了專業抄經生以楷書體書寫的宗教經典之外，其他文書很難辨別。例如：a與ä、n與

r、q與x和γ、s與š都非常相似，即使某個單字的文字保存得很好，也有好幾種念法。第二，關係親密的書信，經常使用只有當事人才了解的指示代名詞「那個、那裡、你那個、你那裡」，因此不少地方語意不明。第三，還有些學界未知的字彙。第四，外在的原因，信紙破損和表面泛黃，難以辨識文字，看不懂上下文（圖20）。

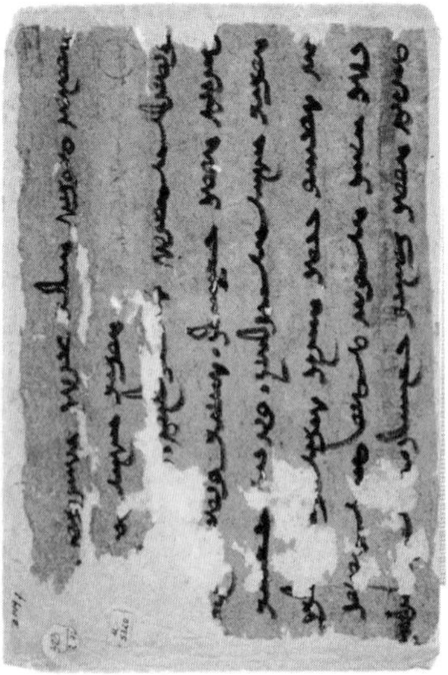

圖20　古回鶻語書信。從左往右讀。收藏於柏林布蘭登堡科學院U 5320。

我將編纂《古回鶻書信文書集成》（*Corpus of the Old Uighur letters from the Eastern Silk Road*）視為畢生志業，而去年（二〇一九年）底終於出版了英文版（Moriyasu，二〇一九），不過還遠遠不及，只能算是研究中途過程報告。我所收集到的回鶻書信，包含小碎片和草稿，約有二百件。件數如此之多，是因為發現信首有固定的格式，以其為標準，就可以判斷小碎片是書信。只有一件例外以突厥文字書寫，其他全是用回鶻文字寫成。

回鶻文的書信與契約文書，全都寫在紙上，用的是中國的墨，但不用毛筆，而是用蘆葦筆或木筆。分析書信或契約文書時，判斷是草稿還是真正信件是一個重要關鍵。區分這些信

件最大的標準，是有沒有紙條狀的折痕。真正信件會折得很小再寄送或保管，展開之後會留下紙條狀的折痕

我依據目前已揭露的回鶻宗教史動向，綜觀整個回鶻語書信與契約文書時，發現用半楷書體寫的古文堆中，摩尼教徒的文書比佛教徒占優勢。但以草書體寫的新文堆，則幾乎都是佛教徒的文書。兩者中都混雜著極少數的基督徒書信，但是都完全沒有伊斯蘭教徒寫下的文書。商用書簡方面，文章裡大多不表露宗教性的一面，即使如此，還是能夠想見是維持這種傾向。而且，草書體的部分，絕無與摩尼教相關的內容，推測一定是回鶻佛教徒所寫。

另外，如同序章中所述，比羊皮紙更輕薄便宜的紙，是在八世紀從中國傳播到中亞的撒馬爾罕，九到十世紀普及到阿拉伯世界，直到十二世紀才在南歐的義大利出現，西歐則更晚。總之，在用回鶻語半楷書體書寫信件或契約時，西歐根本還沒見過紙。在那個時代，儘管中國和其周邊已將紙張作為書寫材料，所以很便宜，但是那畢竟是與其他文化圈使用的羊皮紙和莎草紙相較之下的結果，紙還是有相當的珍貴性。

因此，例如：敦煌出土的半楷書體書信中寫著以下的文章。「你們連一封信也沒寫給我。怎麼了？沙州（敦煌）沒有紙嗎？」進而，同樣在敦煌出土、十世紀回鶻語混雜著粟特語的書信中，用粟特語寫著：「別吝惜紙張！」

書信文的基本結構

將至今收集的回鶻語書信文書，對其格式、遣詞用字、正文內容、用紙與形狀，以及其他資訊進行綜合分析，依據信首的收信人與寄信人格式，大致分成五類。基本上是下級階層寫給上級階層的上行書信，上級階層寫給下級階層的下行書信，以及同階層之間往來的平行文書，但細節在此省略（森安，二〇一一b）。我們把目光移向接在信首後面的問候、正文部分到結尾，更精細去分析整封信，可抽出以下的基本結構。

首先是問候語，在基本的定型句後，若為摩尼教徒與佛教徒，會有獨特的問候句，基督教徒沒有。其次有關收信人的健康、寄信人的安心、關於寄信人方面健康的字句，之後就進入信件的正文。只是這裡也有固定的正文導入形式，很容易抽出常用的術語與慣用語。然後是最後的結束語。

這種結構的大框架與任何時代其他語言的書信大致相同，但是有兩個差異點。一是這些回鶻文書信完全不像其他語言的書信，常會在末尾或信首附上的日期和發信地點。即使極少數有，位置也不固定。比起同為回鶻文的契約文書一定在文首附上日期相比，十分奇怪。另一點是摩尼教徒與佛教徒都會有宗教性問候用語。

基本的問候定型句

書信的慣例都是從來自遙遠的土地開始，首先是「來自遙遠的土地」或是其省略形「來自遠方」，接下來則是對仗上的「接近的心」。兩者加在一起便是「從遙遠的土地，以接近的心」，這種對仗表現在粟特語、于闐語和蒙古語中都看得到，起源還無法確定，但有學者指出，至少單純就「來自遙遠的土地」這句，可追溯到遠古以前美索不達米亞的烏加里特語，或中期巴比倫語。

接著是慣用句，像是「帶著熱切的心、親愛之情」「向您問候」，或是「彎身致敬」等。在這些句子之後文末收尾的是「我（們）會寫信問候您永遠安康」，或是這句話的變形和省略表現。進而在上行文書中有「我（們）恭謹問候您永遠安康」的說法，作為敬語表現。

但是值得注意的一點，在這基本的問候定型句中，並沒有「時節的問候」。包含中亞，整個歐亞東部最大的文化用語——漢文中，「時節的問候」占據問候文範例的核心，相比之下，這點就可以算是回鶻文獨特的特徵。其實，不只是回鶻語，其他中亞的各種語言，例如：犍陀羅語、巴克特里亞語、粟特語的書信中也都找不到這種「時節的問候」。

這裡舉兩個基本問候定型句的實例。「從遙遠的土地以親近的心，送出（這封信）祝福，盼您平安無災。」「從遙遠的土地以親近之心，懷著熱切的心和親愛之情向您問候，我們願（以這封信）問候您永遠安康。」

有關雙方健康狀況的慣用表現

「基本問候定型句」的結尾也含有「問候安康」的句子，不過還有些慣用句，以詢問的形式接二連三詳細追問收信人的健康狀況。如以下這些句子。

「您身體好嗎？」「你（們）怎麼樣？」「你／您是否平安呢？」「身體還健朗吧？」「他（相當於您）的心情還好吧？」「他（相當於您）的身體輕鬆多了嗎？」「您平安無事嗎？」「他（相當於您）的心情可好嗎？身體輕鬆多了嗎？身體舒服嗎？」

話說回來，在前近代時，只要非商業用途，寫信的最大目的就是禮貌的問候和確認安康。所以會附加上去，且經常重複使用這些慣用句吧。而對寫信對象以第三人稱「他」，而非第二人稱來稱呼，是一種敬語的表現。

關心對方健康的問候表現告一段落後，會接上一句「得知對方安康，我（們）很高興」的話。對方健康的訊息，是隨遠方商隊來此的人，或是商隊帶來的信件而得知。一般快的話是幾天到幾星期前，慢則幾個月前的狀況。即使如此，在前近代的書信中，聽到這訊息就能安心，特地寫信表達還是具有重大的意義。當然這種文句不會出現在下行文書中。在上行文書中出現較多，即使是平行文書，但帶有強烈上行意味的時候也看得到。

這樣的信件實例如下。不過，上面引用書信例子中使用圓括弧（），是補充文句中的意思，但下面使用的方括弧〔〕，則是原文書中欠缺的部分，從其他用例補上的正確文字。

「〔從信件和傳聞〕聽到您一切康健，〔我們雖感惶恐〕但十分歡喜。」「您的信（複數）寄來了。我們在郵差那裡找到（接到）（它們）。聽到您一切安康，感到十分快慰。」

前近代的書信中，關心對方的健康是最重要的主題。不過，告知寄信人健康與否同樣具有意義。因為即使轉達了寄信人的健康狀況，收信人收到時已經過相當的時日，所以在書信文上就形成明確註記到何時之前，寄信人都很健康的習慣。因此會有以下的慣用表現。

「有關於我們，到寫這封信的時間為止，都平安無事。」「至於我們，到目前為止都十分健康。」「如同上次見面時，我到四月二十三日為止，都維持平安無事（的狀態）。」

學者指出，其實「某月某日，到我寫這封信為止，都很健康」的表現，不只在粟特語，還可追溯到中古波斯語的書信格式集。

摩尼教徒與佛教徒獨特的問候詞句

此外，在我掌握的書信中，有不少「宗教性問候詞句」夾帶在「基本問候定型句」與「收信人方面的健康」或「寄信人方面的健康」之間。

對摩尼教徒而言，最關心的事是透過懺悔這種宗教行為，得到「罪惡的寬赦」。「罪惡」指的是所有人類出生即帶有的「原罪」，與日常生活中每個人犯的罪惡兩種。對回鶻摩尼教徒來說，表現「赦免罪惡」的術語是 **krmšuxun**，「赦罪」，這個字起源於安息語，經由粟特語假借過來的。乞求赦罪的公式用語，也同樣源自安息語，叫作 **mnastar xirza**，「請赦免我的罪！」不論多小的碎片，只要有這句詞，就能判定是摩尼教徒的書信，以下試舉二例。

「〔我們〕懷著熱切的心、親愛之情，〔恭謹〕地〔向您〕問候安康。〔我們〕恭謹地懇求赦免罪惡（**krmšuxun**），讓我們從罪惡中得到寬恕」。「我們自遠方向您鞠躬致敬，且犯下了過錯，恭謹乞求您將我們從（我們的）過錯赦免。請赦免我的罪！（**mnastar xirza**）」

至於回鶻佛教徒在書信中使用的獨特表現，包含了回鶻語的術語 **buyan**，這個字來自梵語的 **punya**，是「功德、福德」之意。佛教徒可以靠著念佛、向舍利禮拜、讀經、抄經、布施等「善行」，獲得這種「福德」，就像是前往「極樂世界」的累積點數，不只是為了自己，也可分給其他人（能夠迴向）。這種福德的迴向正是大乘佛教的根本，下面舉兩個具體的例子。

「迴向基錫爾（寄信者所在的寺院地點）的福德（給您），同時送出（這封信）問候您永遠安康。」「我從舍利處送出（這封信）永遠問候（您）（是否能）得到福德的迴向。」

■ 書信正文中使用的慣用表現

主題的導引表現，具有總結前面詳述各種問候表現的功能，同時也明示書信正文（問候以外的主要內容）即將開始。其典型的文句為「現在，我（們）便以書信盡可能多傳達字句（要事、消息）給您吧」。這種表現的核心是「盡可能多傳達字句（要事、消息）」，該平行表現也存在於粟特語和于闐語之中。

接在主題的導引表現之後，終於要開始寫這封信的正文了，但是幾乎只有問候，沒有其他要事的例子也不少見。就像是現代的賀年卡或耶誕卡，主要目的就是問候本身。問候大多有固定的格式，相較之下，正文部分完全沒有固定格式的說法並不誇張。這裡介紹一個書信正文經常使用的慣用表現。

那就是為了澄清書信或禮物是交託給哪個人，而使用 **älgintä**，「在（某某的）手中、於某某的手、自某某的手」的說法。對應的表現，例如：敦煌出土的漢文書信中可見「（在）－手上」，也可頻繁見於古老的犍陀羅語，而于闐語、粟特語也常見到。顯示出為了保障安全，回鶻人經常會將書信與禮物或商品，交由不同的商隊運送，即使交給同一商隊，也會託給不同的隊員交付。如以下的實例。

「請親眼確認考地手上的一百一十七房珍珠後再收下。一封信託予馬哈隊長，另一封信託予雅克西茲－奧多克之手（送達）。」「請從艾多丘－伊根手上收取！」「聽說是從克達多米休－伊根之手送達書信的吧。」

二 商隊的往來與社會生活

■書信與商隊

在前近代中央歐亞史中，商隊的重要性已不用我多說。商隊最早來自波斯語，包含突厥語和回鶻語等的古代突厥語中，叫作 arqïš，漢語稱為「般次」。在郵遞制度還未形成的前近代，若是官府的特急信件會以快馬傳遞，一般的書信就會交給公私商隊的隊員運送。

我收集的回鶻語書信，經常看得到「接下來商隊即將出發，所以委託給他們，在這裡附上書信」的表現。而且現已得知粟特語中也有相對應的表現。類似的表現也出現在漢語中，所以百分之百可以推測曾經有相互的文化交流，但現今仍不確定源起於何處。回鶻語的實例如下。

「商隊將行，因此我遞出問候的信。」「商隊有意強行急發，因此在下託送一封問候的書信。萬望無過！」「商隊將行，所以在下奉上此一封問候信。」

有關商隊的規模與組成方式，已在第三章第二節的「絲路的實況與商隊」，依據榎一雄的理論，以批判韓森理論的形式敘述。所以，這裡想依據回鶻語的書信，再討論其他已究明的事項。

商隊的頻率

目前尚未找到任何史料明確表示，商隊是以什麼樣的頻率，往來於前近代的絲路地帶。推測應該是短距離行進的小型商隊頻率高，中長距離行進的中、大型商隊頻率低。不過前文舉出的文章實例，顯示前往某目的地的商隊並不是每天，或每幾天出發，即使如此也絕非一年一到二次那麼低。從下面列舉的回鶻語實際書信文，即可一窺端倪。

「若有什麼大贈禮，我請幾天後的商隊送去。」「如果有商隊為我去西方的話，我就送一封書信過去。」「這頭駱駝才剛跟著前一波商隊走了。」「即使商隊來了，也沒收到任何書信。」「今天以後，如果找到有口碑的商隊，不論您有什麼話（要事）盡管請他們送來。」「//////// 商隊（即使）來了，也沒有收到您的隻字片語。我們之前讓每個商隊都送信給你，已經收到了吧。」「（您）已經向久違（期待已久）的商隊，下達賢明而全能的命令了吧。」「我們若有符合時宜的稟告（要事、消息），不論是什麼，會請每個商隊（將人送去）。會送達吧。為了讓您收到託送物（商品或金錢），我們會（把人）送過去。」

另外，雖然並非實際寄送的書信，而是玄奘三藏過世不久的七世紀末，以漢文所編纂的傳記《大慈恩寺三藏法師傳》（《慈恩傳》），其回鶻語譯本中有一句「請委託即將前來的商隊送達」，由此可知當時的人認為短期內會有商隊經過很正常。

這裡尤其應注意的是附日期的書信實例，從中列舉重點如下。

「這封信是八月二日寫的。」「〔我們〕到先前的十七日為止都很平安。」「一如上次見面，我在四月二十三日前一直都平安無事（的狀態）。」「〔我〕七月〔？〕日，如（以前）見面時，一直保持著精力充沛（的狀態）。」

回鶻語的契約文書雖然必定有日期，但是書信卻極少附上日期，即使有，也只有月日，而沒有記載年分。再者，吉田豐發表的某份粟特語書信文的結尾，有這樣的一句話：「商隊會去，所以獲許寄送（關切）所有人健康的信。九月五日星期六」（吉田，二〇一一b）。

從這些回鶻語、粟特語的書信中，確定安否或寄信日期只有月日，沒有年分的狀態，表示對收發信者而言，月日就已十分足夠，換言之，可以解釋為商隊在寄信者與收信者的土地之間，一年內會往來好幾次，是一個理所當然的前提。很可能多的時期每個月或隔月就有一次，少的時期幾個月一次，以這種頻率往各方向出發。如果位在東西或南北交叉的綠洲轉運點，商隊往來頻率很可能是二倍，若是十字交叉點很可能高達四倍。

七世紀初期，吐魯番的麴氏高昌國公營市場，保留下一整年記載高級商品秤重買賣的課稅紀錄，此文書稱為「稱價錢」。文書內記載的買賣件數有四十五件，所以吉田豐推斷該年經過高昌的大型商隊，應該與這個件數很接近吧（吉田，二〇一一a），我的想法也差距不大。

社會生活中的商隊

另一方面，從吐魯番盆地內的七克台出土的下列回鶻文契約文書，讓我們了解商隊與生活如何密切相連在一起（山田等人，一九九三、卷二、九〇頁）。

牛年第二月初（旬的）一日。

我（即）必丟斯—吐通古於納普契克（哈密西郊的納職）需要毛氈布，向阿爾斯蘭—辛格克爾—奧格爾以六棉布交換借用毛氈布。

一起去的商隊返回時，我必須還清六棉布。若是不能透過商隊送抵的話，我會每月正確償還一塊棉布與利息。不論借用幾個月，我都會連同利息正確償還。償還棉布前逃亡的話，則家人會正確償還。

見證人伊根—達休—奧格爾。這個塔木加印是我必丟斯—吐通古的印。

這裡的棉布，是一種棉織品，在高昌回鶻時代稱為官布（quanpu），與中國絹布一樣被當成高級布匹，是高價貨幣的一種。明代以後，棉布在中國是低價大量的消費商品，但是在元代以前絕不是便宜貨。

除了有關國家重大要事的消息，為了快速傳達會啟用快馬遞送書信，其他書信會委託速度慢，但是能載運相當大量貨物的商隊送達，此時並不會只寄送書信，也會附上禮物，這是一種禮貌，也就是常識。

本章中譯為禮物的回鶻語 bäläk／beläk，原意是「包裹」，在書信中指的是用商隊郵遞的「小包裹」，進而引伸為「贈品、禮物」的意思。可以指官方或私人的「贈品、禮物」，也可以指買賣時「捆包的商品、貿易品」，只能從上下文才能判斷其中的差異。話說回來，經營奢侈品的絲路貿易繁榮地區，書信之所以普及的起源，可以追溯到裝有商品貨物所附的發票。以下來看看顯示書信與禮物原來就是一套的實例：

商隊急著出發，我們因為那件事（上述的事情）寄送（這封）信。禮物在（商隊隊員）羅多多克那裡。

我在肅州（即酒泉）。因而無法寄送禮物。請別因為沒有贈禮而生氣。如果有什麼較大的禮物，再請商隊給你送去。

三 別怒罵沒有贈禮！（現在）商隊要去了，所以我才寄送（這封）問候的信。

你不過來，所以我很生氣，也不會再寄信和禮物給你。

不論是犍陀羅語、中古波斯語、粟特語，于闐語、漢文、藏語、蒙古語的書信，都同樣表現出寫信會附帶禮物，故其他語言有同樣風俗的可能性也很高。《大慈恩寺三藏法師傳》卷七有三封信，其中一封是印度高僧寫給玄奘的漢譯梵語信。從中可觀察到印度也有相同的習慣。這裡引用回鶻語譯《慈恩傳》的段落：

現在，為了（我以書信傳達的語言）不至空虛，謹呈上一對白棉布作為我等共同（我們兩人）奉獻之贈禮。路途遙遠，請勿訝異量少，此為我的請求。

不論是個人的贈禮還是做生意用的商品，打包的貨物應該多為貴重物品，所以商隊當然也會想方設法（做安全保障），以免在運送途中數量出了差錯，或是高級品被掉包成低級品等損失。

其中一種方法，是將書信與贈禮交託給同一商隊裡不同的隊員。若是更加謹慎，則會託付給另一支商隊。這種狀況下，信中會清楚寫下交託貨物的人名。第二種方法是明確記載禮物、商品的品名與數量。第三種是使用一種稱為塔木加（tamya）的印章。為了防備交託給商隊的高價貨品中途遺失，或是被人掉包的狀況，會以封泥封住貨物，然後蓋上塔木加印章。記載品名與數量的信，也會蓋上同樣的印章，兩者由不同管道運送，藉此防止預料得到的事故。下述的文章便可讓人一窺端倪：

請親眼確認考地手上的一百一十七房珍珠後再收下。一封信託予馬哈隊長，另一封信託予雅克西茲—奧多克之手（送達）」。〈圓形塔木加印〉。

請親眼確認後，從奇爾奇斯（人名）處收下某物。（中略）請將禮物對照這個塔木加印章〔再收下〕。

這種「檢查再收下，親眼確認後再收下」的表現，也出現在粟特語文書中。從敦煌出土的漢文文書，也看得到相對應的漢語表現，如「檢領」、「檢容」和「檢納」。

如上述研究考察，可知在當時的絲路世界中，藉著商隊魚雁往返，已是根植於社會生活的習慣。

回鶻商業網絡

有關古代突厥語的 arqïš，也就是「商隊」，較令人關注的地方，是喀喇汗國——為同時代高昌回鶻王國西鄰的伊斯蘭國家——留下的兩份文獻。

其中之一的《賦予幸福之書》（*Qutadγu Bilig*）中的話：「xïtay（契丹）的商隊在散布Tabγač（中國）的商品。」此處應注意的是 xïtay 與 Tabγač 的區別。Tabγač 是拓跋的拼音，指的是最早由鮮卑拓跋氏建立的北魏，其次是指北朝、隋唐帝國。不過在這個時代，無疑是指宋朝。契丹，即遼國商隊帶來「拓跋的商品」，指的一定是宋朝絲織品為首的高級商品。

至於喀喇汗國另一個文獻遺產，喀什噶里（**al-Kashgari**）著的辭典《突厥語大辭典》（*Dīwān Lughāt al-Turk*）中不只有「商隊帶來遠方土地的消息」，還登載了 **loxtāy**，即宋朝四川地區的特產——高級絲織品「鹿胎／綠胎」，以及當時的高級絲織品 **zünkim**，也就是「絨錦／戎錦」，顯示這些產物都在喀喇汗國流通。絨錦曾在十世紀時的高昌回鶻流通過，到了十一世紀，也是契丹（遼國）用來送給加茲尼王朝的禮物（森安，一九九七、二〇一一c）。

這些表現中國產高級絲織品的特殊術語流傳到喀喇汗國的事實，不得不讓我們假設，從宋代經過遼國（契丹）、天山地方的高昌回鶻王國，或掌控河西走廊的甘州回鶻王國、敦煌王國（河西歸義軍政權）、西夏王國的商隊貿易十分興盛。當然，這種假設也已經從漢籍史料中得到證實。而近年從遼國王族、貴族墓穴中挖掘出的多件伊斯蘭風格玻璃器皿，經由化學分析，判定來自於中亞而非西亞，這更是一大佐證。

不只是回鶻語書信或契約文書，已經出版的佛教、摩尼教相關古代回鶻宗教文書（尤其是序文和後記），有許多份都暗示著回鶻的商業活動與文化交流。所以我們依據這一點，用圖21的地圖大致呈現十世紀後半到十一世紀的回鶻網絡範圍。

從這個回鶻網絡的遼闊程度，我們才能理解一位名為烏特列特的回鶻佛教徒，在他的懺悔告白文裡面的內容，有著什麼樣的含意：

> 我烏特列特，從前世到現世，於寺院、僧房和清淨的地點（中略），如果取出寺院所屬的財物運用，未能給予答謝（報酬）的話，或者在買賣（商業生意）時於天平、尺度或升斗量故意蒙騙，哪怕只多貪取一點所得（中略），從城鎮到城鎮、從地方到地方、從國家到國家當個間諜的話，（中略）我現在後悔一切作為，深切反省。

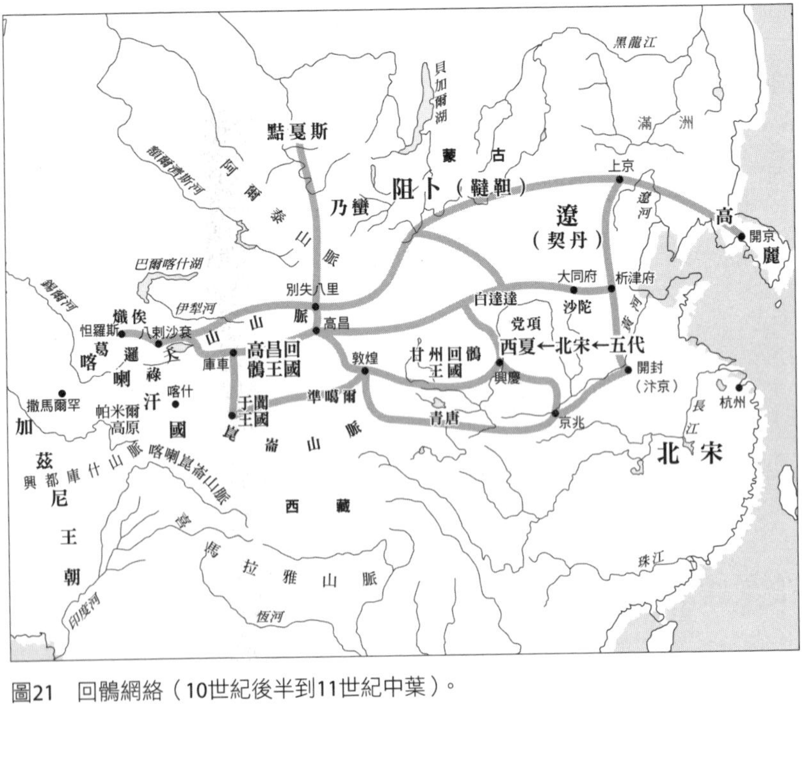

圖21　回鶻網絡（10世紀後半到11世紀中葉）。

這是佛經最後附記的一部分。整個附記被分類在留有濃厚摩尼教影響的初期回鶻佛教文獻，根據我過去論著所累積的考證，其年代應是在十世紀後半到十一世紀前半。這種懺悔告白文有固定格式，暗示當時的回鶻社會交易十分興盛，甚至在商業買賣時，蒙混重量、長度、容量等計量的行為四處氾濫。

這裡突顯出回鶻網絡這個交易圈，是以東部天山地方的高昌回鶻王國為中心，往東到遼（契丹）—宋朝，南方到河西歸義軍政權（敦煌王國）—于闐王國，西至西部天山山麓的阿爾胡（Arghu）、怛羅斯地方，東北到蒙古高原，範圍極為廣大。總而言之，絲路地帶相當於前近代中央歐亞的東半邊。由此可知，絕非韓森所言「小規模的地方交易」（參照本書第一二八頁）。

白銀與紅寶石

西亞世界自古使用的金幣、銀幣，在玄奘旅行的七世紀前半為止，經由陸與海的絲路，一直在中亞到河西走廊（甘肅省），以及印度到嶺南（廣東省—越南）間流通。但是中國本土建立了悠久的銅錢經濟圈，金幣和銀幣並未紮根。金銀主要是用在金銀器、佛像、佛具及各類裝飾品的材料，自唐代開始，會以金餅、銀餅，或金錠、銀錠等金屬錠的形式來賞賜、賄賂、進奉，或者是地方向中央交稅錢、進貢時的輕貨（庸調銀、貢銀等），甚至在對外國謀求和親時贈予的「歲幣」，使用廣泛。

尤其是北宋每年向遼國、西夏贈予的歲幣，名氣之大連日本世界史的教科書都會提及。而且經歷金朝、南宋並存時代，到了蒙古帝國、元朝時，刻有漢字銘文的銀錠（參照左頁圖22）成為高額貨幣，流通到除了西歐和南歐之外的歐亞大陸全境。

十二世紀以後，喀喇契丹（西遼）竄起，壓制高昌回鶻西側的喀喇汗國，同時也對高昌回鶻進行和緩的間接控制。然而高昌回鶻打聽到成吉思汗自東方崛起的消息，便決定盡快投入他的麾下，先殺害喀喇契丹派來的地方官，立即派遣使者向蒙古方面報告。因此成吉思汗授予回鶻王第五個兒子的地位，僅次於他四個兒子，保住了回鶻斯坦的領土。

因此，不只是高昌回鶻時代的高度文化得以保存，回鶻人也成為可以稱為是準蒙古人的「色目人」首席，因此在不斷擴張的蒙古帝國中，回鶻在文武兩方面都有明顯的活躍。

如同前一章第三節提及，在文化方面，蒙古文字直接沿用回鶻文字，蒙古佛教脫胎於回鶻佛教。也就是說，回鶻汗國時代粟特人扮演的角色，到了蒙古帝國由回鶻人來擔當了。而在學界至今依然堅持「色目人」的中心就是伊斯蘭教徒「回回人」的舊論，不過要注意的是，蒙古時代身為色目人首席的回鶻，主要都是佛教徒，只有一部分基督徒（東方敘利亞教會，舊稱聶斯脫里派），倒是其次的汪古部與葛邏祿大多為同支派的基督徒。

接下來要介紹的是從吐魯番出土、蒙古時代回鶻商人留下的契約文書（森安，二〇一五），這裡出現了高價貨幣銀錠。銀錠從蒙古帝國下的中國，流通到包含蒙古、回鶻斯坦（舊高昌回鶻）在內的東西突厥斯坦、以波斯為中心的西亞到俄羅斯。因此，在漢語中，這種約二公斤重的銀塊稱為「錠」，是最高額貨幣單位，在蒙古語中，叫作 **süke**，回鶻語稱為 **yastuq**，波斯語叫作 **bāliš**。**süke** 是「斧」的意思，**yastuq** 和 **bāliš** 都有「枕」的意思。可能因為約二公斤重的銀錠（圖22），其形狀與斧頭和枕頭相似。

犬年第十月初旬八日。

我薩地的共同出資者阿達克—托托克處的三巴奇爾（重量單位 baqïr）紅寶石，我們決定將由我薩地到各地以一百錠（賣出）。

若賣得一百錠，我薩地可得到阿達克—托托克的五十錠份財物（貨幣用織品）。未達一百錠

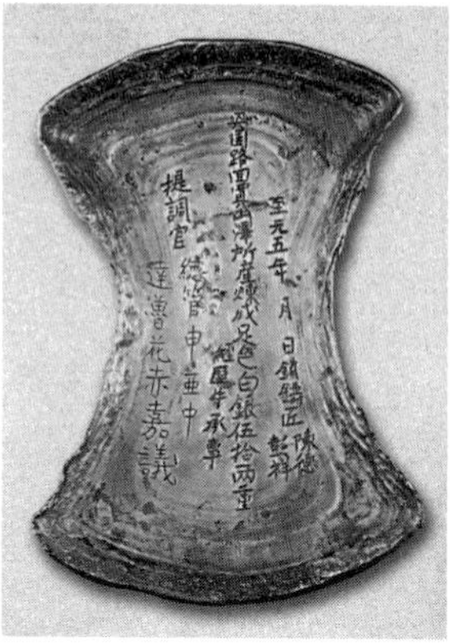

圖22　元朝發行的銀錠實物（重量約2公斤）。

時，我便將此紅寶石帶回歸還。
見證人烏爾茲、見證人索馬契。這劃押印是我薩地的印章。
我雅拉克（書記）按薩地口述記錄（本證文）。

回鶻語的重量單位巴奇爾，對應漢語的「錢」，約為四公克，所以這顆三巴奇爾重的紅寶石約有十二公克，也就是六十克拉。賣價設定為銀錠一百錠，即約二百公斤的銀塊，它的價值該有多少呢？

近現代由於白銀價格暴跌，現在金銀的比價完全不值得參考。但前近代的歐亞大陸，金銀的比價為一比十上下，差距再大也有一比十三。所以計算銀的價值時，不能直接按照現在白銀的低廉價格，而應視為金的十五分之一。

二十幾年前，我剛開始研究這份紅寶石交易契約文書時，曾向某寶石商討教過。一公克金一千三百日圓，上等紅寶石的價格，一克拉約五十萬日圓。最近我再次討教，不料黃金一公克已暴漲到四千日圓以上，然而紅寶石方面，最高級品雖然沒有天花板，但上等貨仍然當作一克拉五十到一百萬日圓就行。為了方便計算，現在假設一公克金為三千日圓，銀一公克為其十五分之一，即二百日圓來計算。如此一來，銀二百公斤是四千萬日圓。相對地，紅寶石六十克拉，就等於三千萬到六千萬日圓。試算的數字畢竟只不過是參考，不過結果不但毫無不協調之處，甚至可以說對應得好極了。

回鶻語書信文研究的總結

我收集的摩尼教徒與佛教徒書信，有很多都無法判斷是純粹營利目的的商業活動，還是為了各教團來購買奢侈品。這可能與宗教教團也需要奢侈品有關係。因為不焚燒異國珍貴香料、不穿著異國珍品的僧侶等愈來愈不受青睞的緣故。因此，在絲路地區中，不只是於公於私的世俗威信財，高價的宗教儀式用必需品（僧侶的衣裝、儀式會場的裝飾品、焚香料、水果、酒精飲料等）的需求，也是刺激遠距商業興盛的一大主因。即使如此，絲路貿易終究還是未脫離奢侈品貿易的原則。

只有人的移動才能促進文化交流和新文化的蓬勃發展。在前近代社會，商業與宗教活動讓人的移動變得更簡單。而且，兩者之間往往息息相關。因此，不僅是宗教經典類，世俗性的書信文或契約文書格式中，都鐫刻著異民族間文化交流的軌跡。這讓比較研究以不同語言留下的同款文書格式產生了意義。

關於中亞回鶻文契約文書的格式研究，已經累積了相當多研究，可以斷定其主流是「漢文→回鶻語→蒙古語」。相對地，關於書信文的格式，比較研究尚不充分，但從現今已辨明的梗概來說，看得出回鶻語書信受到粟特語書信極大的影響，也可知道有部分回鶻語影響了蒙古語。因此一般認為書信格式的主流為「粟特語→回鶻語→蒙古語」，完全吻合了「粟特文字→回鶻文字→蒙古文字」走向。書信是經由商隊傳遞這件事情，不只可從回鶻語書信中的文字得知，柏孜克里克出土的粟特語書信中也有提及（吉田／森安，二〇〇〇）。

書信格式的定型化，便說明了書信往返的頻繁度，進而也可以推導出過去交通的活絡，進而商業活動也相當興盛。事實上，從中亞出土整捆書信達十件以上，其中有犍陀羅語、巴克特里亞語、粟特語、回鶻語、藏語、漢語的信札，再再說明商業關係的用語和文章使用頻率相當之高，這個事實也說明了上述的推測應當無誤。

PART 6 絲路與日本

圖　摩尼像絹畫（局部）。大阪藤田美術館藏。

時至今日還來談絲路與日本的關係，似乎有些可笑，因為，不論是青銅器、鐵器、車輪，還是馬匹、佛教與粉狀食物文化，*都是經由中央歐亞帶進中國，然後再傳到朝鮮和日本。前近代的日本文化除了從中國傳入稻作、發酵食物和漢字文化之外，絕大多數都是絲路帶來的恩賜。

一 絲路的終點

佛教傳入日本

經由絲路傳播的各種宗教中，對大半個中央歐亞世界，即中央到東部，包含日本在內的東亞世界，最重要的無疑是誕生於印度的佛教。

陸上絲路有「草原之路」與「綠洲之路」兩條路線，相當於草原之路的蒙古和西藏，今天仍然是佛教文化圈，但是綠洲之路通過的中亞，曾是中國眼中稱為「西域」的亞洲最深處，現在稱為突厥斯坦，已成為以突厥人為中心的世界，而且是伊斯蘭教文化圈。但是西域正是將佛教從印度傳到中國的中介地。不只如此，還是大乘佛教成長的搖籃，與我們日本的佛教關係匪淺。

但是，佛教並不是從中國傳到日本。六世紀中葉，百濟的聖明王將佛像與佛經贈予日本，六世紀末開始嶄露頭角的聖德太子，其師尊便是出身高句麗的高僧，由此可知，佛教是經由朝鮮半島傳來。佛教寺院的建築風格不只是源自朝鮮半島，最近甚至有一個說法，連「てら」（寺）這個日本字都是漢語的「剎」經由朝鮮語傳過來的。姑且不論此說對錯，外來的寺院取代了往昔日本特有的權力象徵「古墳」，而成為為權力加添權威的存在，普及到全日本。

於是，當我們說起日本的古早風景時，會想到什麼景象呢？鄉間老鎮黃昏時，熟悉的寺院鐘聲「鐺─鐺─」響起，烏鴉發出「嘎嘎」的叫聲歸巢，不就是日本古早的風景之一嗎？但是，如同和歌中與奈良相關的枕詞**「青丹吉」，在奈良、難波建立的飛鳥寺、法隆寺、四天王寺等佛教最早期寺院時，寺院的屋頂瓦是深青色，梁柱為朱紅色，木格窗為鮮豔

---

* 譯註：指麥或粟磨成粉來食用的文化。
** 譯註：和歌創作時會視主題在最前面放置固定的枕詞，作為修飾或調整語調，多由五個字構成。

的青綠色。佛像的身體為金色，頭髮是群青色，嘴唇是紅色的風格。寺院不論內外都花俏絢麗，與現今日本人的審美觀相去甚遠。當時的人在視覺上完全拜倒在大陸傳來的先進文化之下，也對內容十分好奇吧。於是，透過佛教，不只印度釋迦牟尼的教義，連中國、朝鮮的先進文化都如同河水潰堤般流入日本。

當然，在此之前靠著中國大陸或朝鮮半島的渡來人（歸化人），傳入了使用漢字的文字文化。五世紀刻有銘文的著名鐵劍、各地出土的石硯遺物都說明了這一點。但是，若說有組織性的流入是在佛教傳來之後也不為過。此後的日本史，若是抽離漢字與漢文建立的佛教文化，便無從說起。在蘇我氏與聖德太子等人擊敗物部氏，佛教成為飛鳥、奈良時代守護國家的國教之後，將誕生於印度的佛教抽離日本文化，就像是一千七百年前，將誕生於西亞的基督教抽離四世紀以後的歐洲文化一樣，會讓這兩地的歷史都無法成立。佛教與基督教雖然曾經是外來的宗教和文化，但是經過悠久的時代，都成為兩地各地方的基礎，不論日本還是歐洲都一樣。

當時的佛教不只是單純的宗教，更是醫學、藥學、天文學、曆學等自然科學、包山包海的學問總匯，佛教文獻也是最尖端知識的寶庫。日本歷史最悠久的大學——種智院大學，前身就是空海創設的綜藝種智院，因此比叡山延曆寺才會學問僧輩出。

「胡」不是伊朗，也不是波斯

通過絲路傳到中國、日本的形形色色產物和文化中，大多可見到「胡」這個字。像是胡麻、胡椒、胡桃、胡瓜、胡餅、胡瓶（水壺）、胡粉（白色顏料）、胡座、胡弓、胡床（單人用的折疊椅，或是君主用的大型寬椅）。但是世人與學界長久以來對「胡」這個字的誤解，沒有其他字比得上。

漢語的「胡」在西元前是指中國北方的遊牧民，尤其是匈奴。但西元後漸漸泛指西方綠洲都市國家的人們。在隋唐時代以前，甚至指西方農耕都市民的比例，還比北方遊牧民來得高。當然，舊有指北方遊牧民的用法也還保留著，必須特別注意。

但是，十九世紀近代史學誕生，到了二十世紀前半，「胡」指伊朗人，尤其是波斯人的解釋，開始在學界和坊間傳播開來。其背後有著兩本戰前的書籍的存在，在歐美和日本東洋史學界中，各自都為數一數二的古典名作。

第一本是美國博物學者貝爾陶德．勞費爾（Berthold Laufer）於一九一九年出版的《中國—伊朗》（*Sino-Iranica*），與我國史學界以文章卓越聞名的石田幹之助於一九四一年發表的《長安之春》。而在戰後受這兩者強烈影響的薛愛華（Edward Hetzel Schafer），發表了《撒爾馬罕的金桃——唐代舶來品研究》（*The Golden Peaches of Samarkand: A Study of T'ang Exotics*，一九六三）。其中把「胡人」理解為「西方人」（westerner），尤其是指「伊朗人」。

其實仔細讀過《長安之春》，「胡」可指北方民族或是西方民族。尤其是胡旋舞等的「胡」字，作者甚至說可以專指粟特人。儘管如此，別處卻也總結道：「至於胡姬（中略），除了有粟特、吐火羅等地進來的舞女，但大體上來說，將她們認為是伊朗種女子十分妥當。」或是「當壚的胡姬亦視為西土伊朗方面來到的歌妓、舞女之流，應無疑義才是。」

進而，石田在戰後一九五〇年代，陸續發表了〈飛鳥奈良兩朝時代與伊朗文化〉、〈就長谷寺千佛多寶佛塔銅板可見的伊朗元素〉、〈我上代文化中伊朗元素之一例〉等論文，所以「胡即伊朗」的誤解竟也擴散到學界。而學界的影響便又觸及通俗小說或報導。例如：松本清張就透過有關古代史的著作，將「胡」為波斯的說法，廣泛流傳到民間。

於是，民間傳說正倉院寶物有濃厚的波斯色彩，就成為普遍的說法。伎樂面具的醉胡王、醉胡從，就表述為高加索人種的波斯人容貌，唐詩中出現的胡姬則解釋為波斯女子，這樣的觀念便根深柢固地傳播開來。

但是，將「胡」不分青紅皂白等於波斯，是非常大的誤解。波斯語的確是伊朗語族的西方方言之一，粟特語是東方方言的一支。但是如果認為波斯人與粟特人同屬伊朗語族，而不加以區別的話，那就像同屬日爾曼人的德國人與英國人混淆不清一般，荒謬至極。

對此，我在學術論文（森安，二〇〇七b）中，論證絕大多數「唐代的胡都是指粟特」，並且受到東洋史學界的支持。但是這種認知尚未普及到中文、日本國文學界和一般社會的讀書人，所以在此，我想稍微闡述一下這個論點。

論證的中心，是唐代傳到平安時期日本的字典《梵語雜名》與《蕃漢對照東洋地圖》兩種史料。這樣珍貴的文獻在大陸上已經散失，然而卻曾透過遣唐使或遣唐僧帶來日本，這個事實更是絲路終點在日本的最強證據。

印度語漢語對譯字典

自從唐代初期玄奘前往印度求法之後，印度與中國的文化交流就有了飛躍性的成長。如同前述，佛教文獻是當時最尖端的知識寶庫，但卻是以梵語寫成，所以就必須學習梵語。可想而知唐代出現了好幾本梵漢辭典，即梵語漢語對譯字典。所謂梵語，是一種嚴格標準化的聖典語言，但實際的佛教梵語文獻，並非只有梵語，還包含了通俗的普拉克里特語（犍陀羅語、摩揭陀俗語、巴利語等）書寫的文章，與許多普拉克里特詞彙。因此這裡就把梵語視為印度語。

而在中國本土，這類印度語漢語對譯字典久而久之便散失不見，但是對人類文化史而言，幸運的是這類印度語漢語對譯字典中最珍貴、印度語部分以悉曇文字（梵字、婆羅米文字）拼寫的經典，有幾種留在日本。當然，這些字典都是遣唐使，以及從日本到唐求法的佛教僧人帶回來的。其中最令人注目的是，在悉曇文字旁加上片假名拼音的《梵語雜名》。

《梵語雜名》的編者利言（禮言）是出身西域龜茲的吐火羅人，熟習多種語言，他向到龜茲學法的印度學問僧法月學習佛教，七三〇年，其師受當時安西節度使的推薦來到唐朝朝廷，利言也相伴來到中國本土，從事將手邊的印度語醫藥書和佛典進行漢譯的工作。七四一年，其師決定返回印度，他亦隨行在西域旅行。然而其師於半途過世，所以利言就回到故鄉龜茲。

後來，利言於七五四年再次前往中國本土。當時，一名印度密教僧人不空受河西節度使邀請在涼洲（武威）從事譯經工作，利言就奉召前往協助翻譯。此後，他成為不空的左右手，七五五年爆發安史之亂時，他更忙於為了鎮壓叛亂而舉行的法會與譯經工作（中田，二〇一一）。利言編纂《梵語雜名》時，安史之亂已經結束，所以可以判定此書完成於八世紀後半。

這些梵漢辭典應該有在當時的中國本土廣泛流傳，除了《梵語雜名》之外，義淨（撰）的《梵語千字文》與《梵唐消息》等都傳到日本。此外慈覺大師圓仁自唐攜回的書卷目錄《入唐新求聖教目錄》中，登記了多部梵漢對譯佛典，以及《梵語雜名》一卷和《翻梵語》十卷。另外，藤原佐世的《日本國見在書目錄》（編纂於九世紀末）列舉了中國傳入的漢籍，記載了《波斯國字樣》一卷、《突厥語》一卷、《翻胡語》七卷。可以把這些書視為與波斯語、突厥語、粟特語的文字和文法相關的書籍。可能遣唐使不只想了解唐的情勢，也希望得到西域的資訊吧。

《梵語雜名》的「胡」是指粟特

這裡有個重點，《梵語雜名》中的「胡」，漢字說明為「蘇哩」，印度的悉曇文字（婆羅米文字）寫成 Sulī，以日本片假名拼成「ソリ」（sori，圖23）。這裡的「蘇哩＝Sulī＝ソリ」與玄奘所稱的「窣利」或義淨的「速利」語源相同，指的是「粟特」。進而，該語源是粟特語的 suγδīk，即「粟特（更正確的說是粟特這個地名的形容詞形態，意思是粟特出身者，說粟特語言者）」，學界方面沒有異論。

其次值得注意的是，這個「胡」在《梵語雜名》中，與「天竺」「波斯」「突厥」「吐蕃」「罽賓」「吐火羅」「龜茲」「于闐」「烏長」並列的事實。也就是說，這點證明了「波斯」與「胡」有明確的區分，「胡」並不是泛指中國西方—北方各民族的普通名詞，而是具體指稱「粟特」的專有名詞。

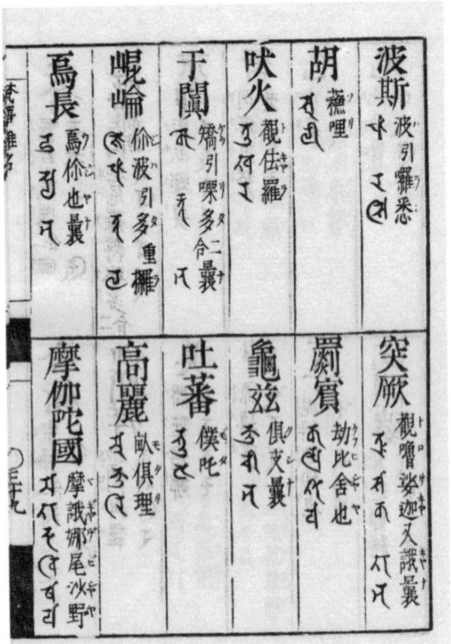

圖23　《梵語雜名》江戶版本的其中一頁。

前述判定《梵語雜名》成書於八世紀後半，然而其中的多數資訊，不妨當成利言本身在八世紀前半於西域時收集來的。因為《梵語雜名》中還沒有出現迴紇（回鶻）與大食（塔吉克）。傳達八世紀後半歐亞情勢的文獻，不可能沒有提到當時的這兩大強國。

唐代似乎有各種高低層級的梵漢辭典，不過《梵語雜名》的層級並沒有那麼高。若是將收錄的單字作系統化分類就能理解，不過不應期望這本辭典能用於佛經翻譯等用途上，最多也只是旅行者或商人在旅行或做生意時用得上的程度。但是如果目的是旅行或做生意，不如學習粟特語比較快，因為是當時歐亞東部的代表性國際語言，連粟特語漢語辭典都有許多版本留存下來。但是，從現在史料的內容顯示，事實卻不盡然如此。為什麼呢？

從後面總括來說，在中國本土說著南腔北調的漢人自不待言，連包含朝鮮、渤海、日本、越南等東亞的人，畢竟都以漢語、漢文為共通書寫語言或文化語言，而且佛教也最廣泛深入他們之間。總之，東亞第一國際語是漢語，而佛教確立了七到十世紀東亞宗教的優勢地位。

從這種漢字文化圈想到西域、南海、印度去的人，鐵定不是佛教僧人就是佛教徒。而且在唐代以前，別說是印度，帕米爾以東的西域和南海，離伊斯蘭教鋪天蓋地湧來都還為時尚早。也就是說是個溫和的佛教文化圈，只要會印度語，不論是旅行或做生意多少都應付得來。既然如此，他們除了漢語之外，為了旅行想學習另一種語言時，選擇印度語而非粟特語，是充分可以理解的。

▒《蕃漢對照東洋地圖》的胡國

如果我說，平安時代的日本，已經知道唐、回鶻、西藏、天竺、波斯等東洋世界全體的地圖，大家一定或多或少會感到驚訝。而且，各位如果知道當時也能用漢字和西藏文字書寫地圖中的國名，一定加倍驚訝吧。

事實上，從鎌倉時代，近江國園城寺（三井寺）的別當（住持）禪覺書寫的文件，可知真有這種地圖存在。這並不是禪覺九世紀從唐朝帶回來的原本，而是他將過去轉抄多次的文書，重新謄寫一次的版本。

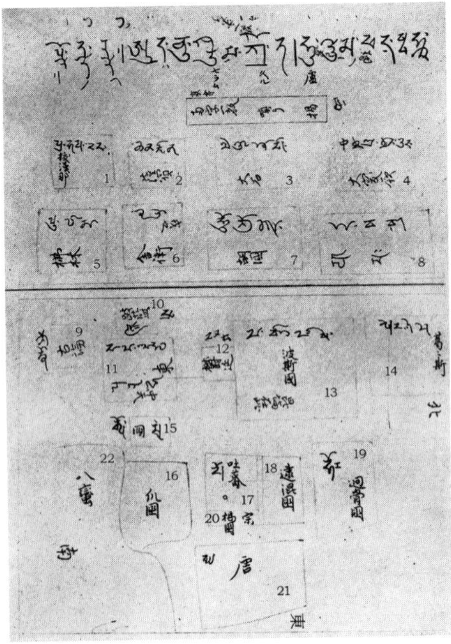

圖24《蕃漢對照東洋地圖》

那份原本很可能是九世紀入唐的弘法大師空海，或智證大師圓珍從他們所在地帶回來的。最前面是一幅佛教的宇宙圖，題為「蓮華台藏世界」，有漢字的說明。接著是藏文的陀羅尼，最後才是本項的主題《蕃漢對照東洋地圖》（圖24）。

雖說是地圖，但是十分簡略，各國的領域都以四方形框表示，其中以漢字和藏文標記國名而已。內容不只是西域，也包含中國、印度周邊，以及遠至中央歐亞東部的草原地帶，所以應該可以稱為東洋地圖。而且，有鑑於抄本一開頭畫了佛教宇宙的圖，其實可以視為當時的世界地圖了。至少是印度、唐、西藏，以及日本的佛教世界所看到的全世界。因此，也許可以將之視為蕃漢對照「世界地圖」。

以下就以圖版標示的阿拉伯數字編號，以對照的形式簡單說明有問題的漢字國名。

①拔漢那：同拔汗那，帕米爾北部的費爾干納（**Fergana**），以出產汗血寶馬聞名。

③大石：塔吉克，一般寫成大食，指伊斯蘭勢力（伍麥亞王朝—阿拔斯王朝）。

④大突厥：是以蒙古高原為根據地的突厥第二汗國，但已滅亡。

⑤拂林：藏文為 **Pu-lim**，對應當時的「拂林」，是指東羅馬帝國。

⑥舍衛：印度的舍衛國，祇園精舍所在。

⑦胡國：藏文讀成 **Huo-kuog**，當時「胡國」的拼音。

⑪中天：中天竺＝中印度。

⑫鬱延：以西北印度斯瓦特河谷（**Swat Valley**）為中心的烏長國。

⑬波斯國：波斯薩珊王朝已經滅亡，所以可能是過去的記憶，或是逃往東方的薩珊王朝亡命政權。

⑭葛葛斯：又名黠戛斯，位於南西伯利亞的吉爾吉斯。

⑰吐蕃：顯而易見是指西藏。

⑱逮混國：逮混一般是寫成吐谷渾或退渾，可能是蒙古系鮮卑與藏系混合的集團。於隋朝到唐初，在中國本土與西藏之間，相當於現在青海省的地方建國的獨立國家。七到九世紀成為吐蕃與唐爭戰之地，失去獨立。

⑲迴骨國：同回鶻國，指回鶻汗國。藏文標為 Hor，是明確指稱回鶻的藏語。

㉑唐：不用說，當然是指大唐帝國。

㉒八蠻：《貞元新定釋教目錄》卷一七有「皇帝威加北狄，澤被東夷，南及八蠻，西洎天竺」，很可能是泛指東南亞—南亞的某個領域。

因此，我想考察《蕃漢對照東洋地圖》的年代。按㉑號的記載可知，應是唐代的文書，所以以七世紀為上限，九世紀前半到中葉被攜來日本，所以下限是九世紀中葉。進而，⑲號的回鶻是北方草原地帶的代表，而且其寫法並不是舊式的迴紇，而是八世紀末依回鶻本身請願（實際上是強迫）更改的新寫法——迴鶻、回鶻的省略形「迴骨」，所以可以侷限在八世紀末到九世紀中葉。但是，④號的大突厥，早在七四〇年代被回鶻所取代，所以這幅地圖也混雜了少許舊資訊。

讓我們把這些條件全部納入，再看一次《蕃漢對照東洋地圖》吧。當時地圖學並不發達，所以相互的位置關係錯誤甚多，是一幅信賴度低的地圖。不過，我關注的是下面的事實。

那就是堂堂正正存在的⑦號胡國，不但與⑬號的波斯國有所區分，而且地點在④號、⑭號、⑲號的突厥、黠戛斯、回鶻等所在的中央歐亞草原地帶南方，在⑥號、⑪號的印度西北方，⑰號西藏以西，必定是西亞崛起的伊斯蘭勢力塔吉克，即③號大石附近獨立的國家或民族集團。不論從時代上或是地區上，都只可能是河中地區（**Transoxiana**，阿姆河與錫爾河之間）的粟特國（綠洲都市聯合國家）。

接著，將《梵語雜名》與《蕃漢對照東洋地圖》相比較。《梵語雜名》中，與唐有密切關係的西域主要地帶，比《蕃漢對照東洋地圖》詳盡，相反地，卻看不到西亞—東地中海一帶的大石、拂林、中央歐亞草原東部地帶的黠戛斯（葛葛斯）、回鶻（迴鶻），所以視野比《蕃漢對照東洋地圖》更窄。

換言之，《蕃漢對照東洋地圖》比起《梵語雜名》，涵蓋的範圍明顯擴大。也就是說舊版《梵語雜名》顯示的是狹義西域世界，而新版《蕃漢對照東洋地圖》廣闊得多，至少是透過陸上和海上絲路認識的東洋世界，是唐代佛教徒眼中掌握的全世界。

玄奘出發到印度時的唐代初期，還是鎖國狀態，不過，唐朝人的視野應該有漸漸擴大，儘管如此，至少從盛唐到中唐末期，漢語「胡國」，就是指粟特國，說到「胡」就是指粟特（人、語言）的狀態始終未曾改變。也因此，唐詩中屢屢歌頌的「胡姬」，並不是多年來一直遭誤解的波斯女子，而是粟特的年輕女子。因為有著深眼高鼻、紅毛捲髮，有時帶有綠、灰或褐色瞳孔的異國相貌，所以成為胡旋舞的舞姬、西域樂器的演奏者，或是妓女、酒店老鴇等都十分受歡迎。

拙著《絲路、遊牧民與唐帝國》的第四、五章中曾詳述，大半胡姬都是粟特諸國的獻禮，或透過絲路奴隸貿易提供的，她們無疑是唐朝文化的明星。

另外，像日本淨土宗、淨土真宗的精髓是《大無量壽經》、《觀無量壽經》和《阿彌陀經》這淨土三部經，但是《觀無量壽經》並沒有印度語原典，有人指出很可能是在大乘、小乘混雜的西域吐魯番盆地，與同樣沒有印度語原典的《觀佛三昧海經》等禪觀經典，從坐禪觀想修行法實踐者的傳統中誕生出來的（山部，二〇一〇）。

收藏於日本奈良當麻寺的當麻曼荼羅名聞遐邇，這幅畫作畫的是《觀無量壽經》的內容，描繪以中央阿彌陀三尊（脅侍為觀音、勢至）為主題的淨土景象，左側自下而上描述「王舍城的悲劇」，右側是由上到下描畫觀想法。

這幅當麻曼荼羅中畫的舞者——即阿彌陀面前的小舞台上，如同現代韻律體操緞帶項目般舞動的女子，是「粟特的（年輕）女子」，叫作「胡姬」。這些胡姬，在圓形的小地毯上不斷旋轉繞圈，這正是源自於粟特的「胡旋舞」。恐怕誰都不曾想到，胡姬的圖像竟然會來到日本。

來到日本的粟特人

日本不但收藏了與粟特有關的文物和史料，也有「粟特人」來訪的事實。

他叫作安如寶，是與鑑真和尚一起來日本的「胡國人」，也就是「粟特國人」。他得到鑑真授戒，後來成為僧官，一路升到唐招提寺的少僧都。但是，隨同鑑真來日本時，他還不是僧侶，所以應該是商人吧。因為鑑真在中國的揚州頗有名氣，而揚州有粟特人的殖民地。法隆寺保存的香木上刻有粟特語與中古波斯語的銘文和燒印，粟特商人與波斯商人同時存在的城市，只有長安、洛陽，然後就是揚州，這條香木很有可能是一件從揚州港運來日本的商品。附帶一提，杉山二郎的《天平的波斯人》（天平のペルシア人，青土社，一九九四）被喻為科普佳作，但是很可惜的是作者在書中斷言安如寶是波斯人。

安如寶在中國時還不是佛教僧人，但是從當時空海的師父惠果，他的老師印度人不空，其弟子便有幾名粟特人（中田，二〇〇七），以及在中國本土，漢語翻譯成粟特語的佛典非常多（吉田，二〇一〇b、二〇一五）來看，很容易就能推斷出當時唐帝國內住著為數不少的粟特人佛僧。在安史之亂爆發時，不論是唐王朝方面、叛亂勢力和回鶻方面，都有許多粟特人或粟特系人物，這點在學界已經算是常識，而這些粟特人來到東方的浪潮，甚至遠及新羅和渤海國。

七到九世紀將大陸的先進文明輸入日本的媒介，一般都以遣唐使為首，不過實際上渤海和新羅的官方使節也扮演了重要的角色，而且也不能忽視新羅與唐朝商人的活動。過去便已有人指出在這種狀況下，從渤海派遣到日本的使節中，混入了粟特人。其中官階最大的是七七六年的使節團大使史都蒙，同使節團還有位大錄事史通仙（或史道仙），其他知名的還有七五九年使節團的判官安貴寶，八四一年使節團的錄事安寬喜（或安歡喜）等人。

另一方面，俄國的考古學家恩斯特・謝夫克諾夫（Ernst Vladimirovich Shavkunov）主張，在渤海國內有粟特商人的聚落，專門經營黑貂等高級毛皮的生意。事實上，從聚落的遺跡出土了布哈拉（Bukhara）的錢幣等與粟特人有關係的文物，所以毋需懷疑渤海使節團中，持有史姓、安姓等粟特典型姓氏者為粟特人。八二六年迎接渤海使的右大臣藤原緒嗣，評論渤海使「實為商旅前來」，說得一點也沒錯。

波斯人也來了

過去，除了印度人之外，對其他來日本的西域人，學界一向只鎖定波斯人，所以本書根據近年研究的進展，努力想讓一般讀者了解粟特人的重要性。

話雖如此，我們並不是要忽視在奈良、平安時代，波斯人和波斯文化的傳入。最有名的人物是遣唐副使中臣名代於天平八年（七三六年）回國時，與印度佛教僧侶菩提僊那一同來日本的波斯人李密翳。菩提僊那是七五二年東大寺大佛開眼供養法會的導師，但是李密翳是何許人卻不得而知。可能是通曉醫術的聶斯脫里派基督徒傳教士，也可能是幻術師或音樂家、工匠或商人，眾說紛紜，但全部都是臆測。

二〇一六年平城京遺跡中出土的木簡上，據研究得知寫有「破斯清道」的官僚名稱。正確應寫成「波斯清道」，據說是在宮廷侍奉的波斯人。

從中國北朝到隋唐代遺跡或墓地出土的大量銀器，過去都一概判斷為薩珊銀器，可是在近年的研究中，發現其中混入了相當多粟特銀器。因此，像是正倉院的銀器，也應要求進行慎重的鑑定。正倉院的玻璃器皿大多也都空泛視為來自波斯薩珊王朝。但是依據最近的化學調查，確切由薩珊王朝製作的器皿，只有白瑠璃碗。我們更應該重視從彌生時代後半到古墳時代，比波斯更遠的東地中海一帶製作的羅馬玻璃和玻璃珠，傳到西日本各地的事實（小寺，二〇一二）。

■蘇幕遮、醉胡王、醉胡從

眾所周知，源自西域的舞蹈伴樂，經由唐和新羅傳來日本，成為了伎樂，而「蘇幕遮／蘇摩遮／蘇莫者」便是其中之一。它原本是在宮中或大寺院演出，但奈良的法隆寺、大阪的四天王寺等與聖德太子有淵緣的寺院，都把它當成佛教儀典之一，直到現在還會搬演。

蘇幕遮的語源不詳，與乞寒戲（潑寒胡戲）有緊密連結，而且後者的源流已證實是粟特主城撒馬爾罕的民俗技藝。在撒馬爾罕，人們在年底的寒冬時期有敲鼓跳舞，互相潑水嬉戲的風俗，是一年的重要節日，這種玩樂在唐朝也流行過一段時間。

這種風俗很可能是粟特人帶來的，穿著華麗的胡服，騎在馬上一邊演奏樂器、一邊唱歌的團體在街頭巡行，周圍有人戴著名為「渾脫」的面具，或是穿著人偶服來變裝，而舉旗的隊伍跳著舞，赤裸的民眾互相潑水、嬉戲玩鬧，惹得頑固的儒教官僚不滿，不得不中止活動。有的學者認為蘇幕遮指的是樂曲和化裝舞蹈，但也有人認為包含乞寒戲的整個節日活動。

傳來日本並保留在東大寺正倉院，或是法隆寺的伎樂面具，是將頭部整個蓋住的面具，其中最為人所知的醉胡王、醉胡從面具，大多與粟特人的長相（深眼高鼻、白皙、鬍鬚濃密、時而碧眼）相似（圖25）。

不只如此，據吉田豐的研究，醉胡王戴的梯形毛氈帽，原本是「薩寶」的特徵物品，薩寶有「商隊隊長」之意，原是粟特語 sartpaw 的音譯，在進入唐代以後，薩寶意指粟特人殖民團體的領袖（吉田，一九八九；荒川，一九九九）。坊間把醉胡王解釋為波斯之王，與胡姬一樣是錯誤的理解。希望未來能正確解釋為「粟特人的君長」。

圖25　伎樂面具的醉胡王。正倉院寶物。

二　摩尼教繪畫傳來日本

摩尼教研究的動向與摩尼教繪畫

如第四章第二節所述，基督教抓住了羅馬帝國與摩尼教產生糾葛的機會，因而成長為席捲近現代大半個全球世界的宗教。因此在基督教徒占有大部分的歐美學界，在二十世紀初西歐列強派出的中亞探險隊，從吐魯番和敦煌發現摩尼教的聖典和摩尼教徒留下的文書後，關注度瞬即增高。這些文獻都是由安息語、中古波斯語、粟特語、回鶻語、漢語等多種語言書寫。再加上後來又在北非發現了科普特語、希臘語、拉丁語等的摩尼教抄本，摩尼教研究在二十世紀有了耀眼的發展。

依據摩尼的說法，真正的宗教是先於自己的許多先知，如瑣羅亞斯德、佛陀、耶穌所傳授的，不過他們自己都未能把教義寫下來。所以那些宗教的教義隨著時日久遠而扭曲。因此，摩尼親筆寫下經典，以便將自己的教義正確無誤傳揚開來，也鼓勵將其翻譯成其他語言。

原始的摩尼經典是用摩尼的常用語言，也就是亞蘭語寫成，不過為了讓波斯薩珊王朝的沙普爾一世（在位二四一到二七一年）改宗，便將獻給他的經書用中古波斯語撰寫，稱為《沙卜拉干》（*Shabuhragan*）。只有這部經典留下了原典，其他都是逸失的亞蘭語原典的翻譯或改編。摩尼教的聖典有七種：①《福音書》②《生命寶藏》③《傳奇》④《祕密經》⑤《巨人書（墮天使的故事）》⑥《書信集》⑦《聖詠集》。這七冊之外還有著前述的《沙普卜干》，以及用圖像來解釋摩尼教教義的繪畫集，後者安息語稱為 **Ārdahang**。

由於《沙卜拉干》不是亞蘭語，沒有被指定為七聖典，但是內容包含了摩尼的傳記、形成教義架構的天地創造神話、末日論，對摩尼教研究十分重要。《沙卜拉干》的漢譯名為《二宗三際經》或《二宗經》，頗有繪畫天分的摩尼親筆圖解教義的圖冊 **Ārdahang**，漢譯名叫《大二宗圖》，所以兩書應該都有傳到中國。

與其他創唱宗教*相比，摩尼教的特色在於可將教義畫成繪畫，故容易傳布。摩尼教對基督教而言，可以算是天敵，又是最大的對手，所以，摩尼教消失在世界史的很久之後，到了近代成為世界霸主的歐洲及美國的研究者（大部分為基督教徒），長久以來想盡辦法尋找

---

* 譯註：相對於自然發生的宗教，指有特定教祖和明確教義的宗教，如基督教、佛教。

摩尼教繪畫。因為十九世紀以後摩尼教研究的進展，發現了摩尼教不只有七聖典和圖解摩尼教教義的繪畫集《大二宗圖》，還有許多種類的繪畫，所以他們殫精竭慮想尋找其實物。

可是最後，在二十世紀只有找到從吐魯番出土，冊子本上的插畫式細密畫、絹畫的零星片段，以及較大的壁畫殘垣。但是進入二十一世紀後，卻在與摩尼教毫無淵源關係的日本，陸續發現了大而完整的摩尼教繪畫，對歐美摩尼教學界帶來了極大的衝擊。

■在中國東南部倖存下來的摩尼教

中國是摩尼教在世界史上流傳最久的地方。在中國，佛教本是夷狄（漢民族之外的異族）的宗教，到了唐代落地生根，成為中國的佛教。但經由絲路，又有新的摩尼教、景教（東方敘利亞教會的基督教，舊稱聶斯托里派基督教）、祆教（瑣羅亞斯德教）等所謂唐代三夷教的傳入。但是，伊斯蘭教（即回教）尚未列入這些宗教中。世間認為回教，即伊斯蘭教從回鶻傳播的說法，全是無稽之談。這時期的回鶻立摩尼教為國教，唐朝受回鶻的壓力，因而讓摩尼教稍微流行了一陣子。

粟特人在政治軍事面和絲路貿易等經濟面上，與回鶻人緊密連結，因此也高度參與了三夷教的傳播和流行。唐代的佛教勢力與道教勢力和當權者勾結，一再發生激烈的政爭。八四〇年代發生了打壓佛教的事件，史稱「會昌毀佛」，而三夷教也一併受到鎮壓。正好在唐朝停留的日本留學僧圓仁也受到「會昌毀佛」的波及。他把自己的見聞寫在《入唐求法巡禮行記》中，記述了正史未曾記載、當時鎮壓摩尼教時的狀況，因此十分珍貴。

往上追溯約一百年，中國在七三二年時，玄宗皇帝也發出過摩尼教禁教令，但是粟特人等外國人不在此限。尤其是安史之亂時，回鶻幫助平亂立了大功，粟特摩尼教徒有了靠山，在中國各地的大都市興建寺院，作為根據地發展宗教和經濟活動。請各位不妨回想第四章第二節介紹的「回鶻錢」。

但是，唐帝國內以粟特人、回鶻人為主的摩尼教徒大張旗鼓的活動，隨著八四〇年回鶻汗國的滅亡也走向了終點。也就是說，唐朝朝廷在八四〇年代「會昌毀佛」時，不只針對佛教，還針對摩尼教的原因，完全是回鶻汗國剛剛滅亡的關係。

鎮壓的主要目標佛教已在中國落地生根，所以過沒多久就重新復活，但是原本基礎薄弱的三夷教卻受到致命的打擊。唯獨摩尼教僥倖逃到江南（尤其是福建、浙江），勉強苟延殘喘了下來。

而且，他們在當地似乎得到不少信徒，然而到了宋朝，儒教官僚以邪教之名，不留餘地大力整肅，即使如此，宋、元、明、清四朝，摩尼教一直以一種「邪教」的形式，殘存在江南地方，關於這一部分已累積了相當多研究，是毫無疑問的。當然，維持純粹摩尼教的宗派，自然沒有融合佛教、道教的宗派多，但不論如何，它成為一種祕密結社式的宗教，轉入了地下活動。

而摩尼教最後的蹤跡在現今福建省泉州，那裡保留了世界史上最後的摩尼教寺院「草庵」，裡面供奉了「摩尼光佛」的石像（圖26）。此外，到了二十一世紀，又在福建霞浦、屏南等地，陸續找到了明確的文書，包含摩尼教神話、中古伊朗語的讚歌，譜

圖26　中國福建省泉州「草庵」裡的摩尼光佛石像。

系可追溯到唐代漢文摩尼經典。話雖如此，當地人早已沒有信仰摩尼教的意識，可能都與本地的道教融合為一了。

即便一般說法都認為，在福建、浙江殘存的摩尼教，是唐代從北中國來此避難的摩尼教徒流傳下來的，然而我認為，福建的摩尼教繼承的是回鶻摩尼教，也就是中央歐亞的摩尼教傳統，論據有三。

福建的地方誌《閩書》中，將唐代會昌年間逃過鎮壓，到福建傳布摩尼教的人物，稱為「呼祿法師」。我認為呼祿是回鶻語 uluγ，即「大的、偉大的」的音譯。呼祿大師解釋為摩尼教大法師之意。根據摩尼教的戒律，神職人員不可定居在一個地方，而且《唐國史補》等中記載，從回鶻本國到中國的一般摩尼僧人每年輪替，而「大摩尼」則數年輪替一次。我想這「大摩尼」正是「呼祿法師」。略過語言學上的說明，但毫無疑義「呼」乃是「u」的漢字音譯。

再者，泉州「草庵」的「摩尼光佛」石像刻有至元五年（一三三九年）的漢字銘文。銘文中的月分清楚寫著「戒月」，這是回鶻摩尼教徒最重要、包含斷食在內的「（應守）戒律月」，即回鶻語 čxšapt ay 的漢語翻譯。在實際的曆法上是指「十二月」。

第三個論據，後面要介紹收藏在奈良大和文華館的絹畫中，摩尼教信徒的服裝，與高昌回鶻王國壁畫所見的回鶻貴族服裝，幾乎完全相同。

正因為有以上的背景，主要在江南地方製作的佛教繪畫，雖統稱為宋元佛畫（其中也包含了寧波佛畫），但其實夾雜了不少唐宋時代與回鶻相關的摩尼教繪畫。如今我們敢斷言，在日本至少保存了九幅已從世界上消失的摩尼教繪畫。這是進入二十一世紀後僅僅十幾年發現的成果。以下容我解釋其中經過。

■日本發現的摩尼教繪畫

事情的開端始於二〇〇六年美術史學者泉武夫發表的一份論文，名為〈景教聖像的可能性〉。直接說結論的話，我主張並不是景教畫像，而是摩尼教的耶穌像，不過，雖然該篇論文的結論與我不同，但是泉武夫發表的論文仍有不小的意義。

這是因為這篇論文的主題不僅是首次告知學界，山梨縣栖雲寺所藏絹畫的存在（圖27），更揭露出在宋元江南佛畫的範疇內，夾雜了不是佛教畫的畫作。進而副主題——屬於同一範疇的奈良大和文華館所藏絹畫（圖28）中的主尊（圖29），其造形特徵酷似泉州草庵的主尊摩尼光佛（圖26），強烈顯示兩者為同一尊的可能性。吉田豐與我得知後，立刻前往

圖28　摩尼教描繪個人末日論的絹畫。奈良縣大和文華館藏，引自吉田，2009。

圖27　摩尼教的耶穌像絹畫。山梨縣栖雲寺藏，引自泉，2006。

距離較近的奈良大和文華館調查原畫，確定就是摩尼教繪畫。

大和文華館收藏的這幅絹畫，長一百四十二公分，寬五十九公分，整幅畫直向分成五層繪製。因為與《十王經》繪畫的類似性，這幅畫長久以來被稱為佛教的「六道圖」，斷定為十四世紀製作的寧波佛畫。「六道」是指佛教輪迴轉生的世界，即天道、人道、阿修羅道、畜生道、餓鬼道、地獄道。

依據以往的看法，這幅絹畫最上層是天道（天國），自上數來第二層是主要畫面，以釋迦為中心，搭配道士與儒生，形成儒佛道三教

圖29 個人末日論圖部分放大。中央為摩尼像。

合一的畫面，第三層是代表現世士農工商四種身分的人道，第四層是死者最後審判的場面，而最下層是地獄道。但是這樣的話並不是六道，只有天道、人道、地獄道三道。

吉田判斷這幅畫是摩尼教繪畫有幾個論據（吉田，二〇〇九），如果只提一個的話，那就是摩尼教的輪迴並不是六道，而是①往天國（首先是新天國）之道，②往地獄之道，③混沌狀態回到現世之道（人道），只有這三道而已。依據其他確實的根據，吉田作出的結論是，摩尼教僧侶應負的最大義務是傳道，而第二層的主要畫面便是傳道場面，也就是說中央端坐蓮座上的是摩尼的肖像，右側是傳道的摩尼僧人和其弟子，左側是兩名聽道的一般信徒。

當時，我所能貢獻的是，解讀出第四層左角留下的漢字銘文為：「喜捨冥王聖幀（以主持死後審判的冥土之王為主題的神聖畫幅），恭入寶山菜院（摩尼教寺院名）」。摩尼教是素食主義者，如同宋代邪教一支被叫作「喫菜事魔」，銘文內容與斷定本圖為摩尼教繪畫的結論並無矛盾。此外，我也指明第二層兩名信徒中，下側人物的服裝與柏孜克里克壁畫裡的回鶻貴族（參照本書第一六七頁）極為酷似。

於是，大和文華館收藏的絹畫就這樣成為了日本發現的第一幅摩尼教繪畫。過去「六道圖」的稱呼，也應改成摩尼教的「個人末日論圖」較為適合。

摩尼教的耶穌像

接著被斷定為摩尼教繪畫的，是山梨縣栖雲寺（臨濟宗建長寺派）以「虛空藏菩薩」像為名收藏的絹畫。這幅畫很大而且完整，長一百五十多公分，寬近六十公分。這幅絹畫最早與九州的基督徒大名有馬晴信有淵源，泉武夫就以這個傳承，以及主尊持十字架這兩點為主要論據，認為屬於聶斯托里派基督教，判定本尊為景教的聖像。

對於這幅畫，我與美國的摩尼教學者古樂慈（Zsuzsanna Gulácsi）幾乎同時，各自判定是摩尼教的耶穌像。論據有點複雜，所以就轉由拙稿解說（森安，二〇一〇），我想這幅畫應該是元朝，也就是蒙古時代，人們將其視為珍奇的佛畫，經由往來於江南與九州之間，尤其是連結浙江省寧波與九州之間的貿易船，帶到九州。後來，又在畫中加上十字架，獻給了基督徒大名吧。

摩尼教儘管不合法，卻能在歐亞東西兩側生生不息的最大原因，在於將佛陀與耶穌巧妙納入摩尼教的眾神當中，耶穌在摩尼教裡無所不在十分突出。而且「歷史上真實存在的耶穌」＝「基督教先知耶穌」，他與塞特、以諾、瑣羅亞斯德、佛陀並列為先行於摩尼的先知之一。*摩尼的母親被稱為瑪麗亞姆，殉教的方式也與耶穌相似，所以摩尼從出生到死去，都悉數假裝成真實存在的耶穌。摩尼自詡為耶穌的繼承者，如同他說過「吾乃摩尼，耶穌・基督的使徒」，這句話以亞蘭語、希臘語、中古波斯語而聞名於世。

顯示江南摩尼教徒崇拜耶穌肖像的關鍵證據，是《宋會要輯稿》宣和二年（一一二〇年）的記述。根據該書，溫州（浙江省）等地方有邪教「明教」的教團，他們即是摩尼教徒。例如：光是溫州地方就有四十餘處偽裝佛堂的集會所，每年正月的週日，僧侶與聽者（世俗摩尼教徒）會設置祭壇，煽動愚民愚婦夜間集會，黎明解散。而且他們還擁有各種經典，以及「妙水佛幀、先意佛幀、夷數佛幀、善惡幀、太子幀、四天王幀」等「繪畫、佛像」。

這裡的「佛」並不是佛陀，而是先知，幀是計算裱褙、裝幀的單位。其中看到的「夷數佛幀」正是「耶穌佛的肖像畫」。耶穌在中古伊朗語裡稱為 isho，漢譯摩尼經典裡經常音譯為夷數。

---

*譯註：塞特為舊約聖經創世紀中，亞當與夏娃在該隱與亞伯之後的第三個兒子，以諾則是該隱殺害亞伯、被逐出家門後生的兒子

摩尼教的天地創造神話與宇宙論

在此之後，日本又在被鑑定為江南佛畫的作品中，陸續發現摩尼教繪畫。現在，至少確定已有九幅（吉田／古川（編），二〇一五；吉田，二〇一七b）。其中，最令歐美學者跌破眼鏡的是「宇宙圖」（圖30）的出現，這幅畫應是傳承自圖解摩尼教教義的繪畫集《大二宗圖》。「宇宙圖」充滿摩尼教核心的天地創造神話與宇宙論，由於太過複雜，即使是擁有發現及介紹者榮耀的吉田豐，他的論文（吉田，二〇一〇a）都難以揭露其全貌，有待未來歐美和中國積極的研究。

這張畫一眼就看得出是摩尼教的宇宙圖，因為用圖像描繪出摩尼教「十天八地」的宇宙觀。尤其突出的是十層的黑色圓弧，而且各圓弧中有左右各六個，合計十二個門樓，每個圓弧的兩端各有兩個人物（合計四十人）以手支撐。在摩尼教經典裡寫道，我們住的大地上有十層的天，由四十個天使支撐，每個天都有十二扇門。

其實，日本繼耶穌像之後，去年（二〇一九年）在大阪藤田美術館的收藏品中，也赫然發現了摩尼像，並且首度於奈良國立博物館展示（圖31與本書第一九七頁放大圖）。摩尼像與耶穌像雖然重要，但畢竟構圖單純，所以當在日本發現極為複雜的摩尼教天地創造神話與

圖31　摩尼像絹畫。大阪，藤田美術館收藏。引自古川／吉田，2020。

圖30　摩尼教的宇宙圖絹畫。上端是被裁斷，後來找到復原的部分。兵庫縣私人收藏。引自Zs. Gulácsi, *Mani's Pictures*, Leiden: Brill, 2015。

宇宙論的圖像化作品時，也難怪歐美研究者那麼驚訝了。

絲路不只是單純的「佛教之路」，也是「宗教之路」，只要回顧摩尼教的歷史就能輕易察覺這一點，而摩尼教（而非基督教）的基督像在蒙古時代傳到日本，實在超乎想像。這項發現在文化交流史上的意義無法估量。

後記

本書雖然在書名冠以日本人耳熟能詳的「絲路」，但內容充斥著複雜陌生的人名、地名，以及未曾學習過的民族與宗教，所以首先向讀完這本書的各位讀者致上感謝。但是容我直言不諱地說，讀完一本書的「訣竅」，就是遇到艱澀難懂處毅然決然跳過。讀書高手肯定都會這麼做。

而本書嘗試的是，素描從中央歐亞看到的世界史。所有人類的祖先出現在非洲，擴散到全世界。從人類史的立場來看，中央歐亞史與西亞史、歐洲史、印度史和中國史直接相連。這也意味著中央歐亞位於連結前近代各地域世界的位置，同時與日本人及日本文化的起源問題都密切相關。

日本的漢字文化就是承襲中國的漢文化，至少到平成為止，決定年號時都從漢籍尋求出處。「文房四寶」的筆、墨、紙、硯全是從中國傳來的，飛鳥時代到明治維新，漢文在長達一千四百年的期間，一直是日本的公用語。

但是，若想深入了解日本的歷史，光是專注於中國為中心的東亞史是不夠的，近代以後，歐美的歷史變得重要起來，但是，理解近代之前藉絲路連結世界的中央歐亞史，才是重中之重。所以撰寫本書的目的，正是希望成為一本了解中央歐亞史的指南書。

過去出版的絲路相關論述不計其數，其中也有不少古典名著。但是「歷史」這門學問，是靠著世界各國形形色色的研究者，互相討論、批評、累積各自的成果描繪出來的。而且即使一一揭開某個時代、某個地域的真實面貌，還有無數的史料和事實長眠地下，而我們描繪的歷史面貌也在不斷變化。因此，不論是概論或是中等教育的教科書，雖然不至於十年，但至少每一世代就需要大刀闊斧去修改。

歷史學的概論書都是讀過大量已發表的研究，加以消化後介紹撰寫而成。大多數時候，已發表研究幾乎都是來自於自己之外的國內外研究者論述，所以就像是穿著別人的兜襠布上場相撲一般。由於這種工作不符合我個人的理念，所以，過去發表過的非專業概論書，只有可稱為本書姊妹作的《絲路、遊牧民與唐帝國》一本。當然，該書也利用了許多已發表研究，但是基本上都是依據我自己的原創學術論文，而我更是把試圖打倒簡直應稱為日本人自虐史觀的「西方中心史觀」（有時甚至是「西歐中心史觀」）的敘述，放在最明顯的位置。

相對於前著，本書在第四章以下，都是以自己的學術論文為基礎，但是從序章到第三章，都是使用已發表研究，與我長年在大學通識課程教過的內容。依據新修定的學習指導要領，二〇二二年起，高中的必修科目刪除了「世界史」，只剩下以日本與世界近現代史為中心的「歷史綜合」，因此高中、大學的教育現場都表示，十分擔心學生會減少對古代、中世紀等前近代史的興趣。我聽到了這種聲音，因此本書寫作的目的之一，也是希望大家重新認識前近代史的重要性與趣味。

我認為支撐日本歷史教育的基幹，在於高中世界史，基於這個強烈信念，前著是針對高中社會科教師（不限世界史，也包括日本史、地理、公民）與歷史系大學生而寫的，對一般知識人士而言可能有一定難度。但是，本書的對象廣泛擴大到一般讀書人，應該比前著好讀許多，當然，是否好讀還是由讀者來判定。

話雖如此，如果能平順讀完本書的讀者，閱讀前著也絕非難事，盼望有幸能等到各位展讀。雖為姊妹書，但是重複處少，應該能得到很多新知。尤其，現在五十歲以上的人士，在高中世界史幾乎從來未接觸過的粟特人，前著第一次全面性來探究這個主題，描寫粟特人不但是國際商人，並且以軍人、政治家、外交官、神職者、藝人等身分，活躍於遊牧國家與中國王朝的樣貌。

年過古稀，終於將研究四十年以上的生涯事業《古回鶻書信文書集成》以英文出版後，我已再無遺憾。今後我有個小小願望，是釐清包含絲路地帶在內的這塊大陸上的人、馬與文物對於古代日本人及日本文化的形成之貢獻痕跡，然而似乎路途遙遠，未知盡頭。

參考文獻

・青木健　二〇一〇《マニ教》（講談社選書メチエ）講談社。

・秋田茂／永原陽子／羽田正／南塚信吾／三宅明正／桃木至朗（編著）　二〇一六《「世界史」の世界史》（MINERVA世界史叢書）ミネルヴァ書房。

・アブー＝ルゴド、ジャネット＝L（Janet L. Abu-Lughod）　二〇〇一《ヨーロッパ覇権以前——もうひとつの世界システム》上下二卷　佐藤次高ほか（訳），岩波書店。

・荒友里子　二〇一四〈南ウラル、カザフスタン中・北部における前2千年紀初頭のスポーク式二輪車輌について〉高濱秀先生退職記念論文集編集委員会（編）《ユーラシアの考古学》六一書房，二二五—二三五頁。

・新井政美　二〇〇二《オスマンVS.ヨーロッパ》（講談社選書メチエ）講談社。

・荒川慎太郎／澤本光弘／高井康典行／渡辺健哉（編）　二〇一三《契丹「遼」と10～12世紀の東部ユーラシア》（アジア遊学160）勉誠出版。

- 荒川正晴　一九九九〈ソグド人の移住聚落と東方交易活動〉《岩波講座世界歷史15　商人と市場》岩波書店，八一－一〇三頁。
- 荒川正晴　二〇〇三《オアシス国家とキャラヴァン交易》（世界史リブレット62）山川出版社。
- 荒川正晴　二〇一〇《ユーラシアの交通・交易と唐帝国》名古屋大学出版会。
- 荒川正晴　二〇一九〈ソグド人の交易活動と香料の流通〉《古代東ユーラシア研究センター年報》五号，二九－四八頁。
- アンソニー、デイヴィッド＝W（David W. Anthony）　二〇一八《馬・車輪・言語——文明はどこで誕生したのか》上下二巻　東郷えりか（訳），筑摩書房。
- 石井正敏　一九九八〈渤海と日本の交渉〉《しにか》九巻九号（特集・渤海国），大修館書店，二三－三一頁。
- 石井正敏　一九九九〈渤海と西方社会〉鈴木靖民（編）《渤海と古代東アジア》（アジア遊学6）勉誠出版，一一〇－一二六頁。
- 石田幹之助　一九六七《増訂　長安の春》榎一雄（解説），（東洋文庫）平凡社。
- 石田幹之助　一九七三《東亜文化史叢考》（財）東洋文庫。

・泉武夫　二〇〇六〈景教聖像の可能性——栖雲寺蔵伝虚空蔵画像について〉《国華》一三三〇号，七一—一七頁，図版一—二。

・伊東俊太郎　一九九四〈人類史の五大革命と気候変動〉安田喜憲／川西宏幸（編）《文明と環境Ⅰ　古代文明と環境》思文閣出版，四四—六二頁。

・伊東俊太郎／安田喜憲（編）一九九六《講座文明と環境2　地球と文明の画期》朝倉書店。

・稲本泰生　二〇〇四〈東大寺二月堂本尊光背図像考——大仏蓮弁線刻図を参照して〉《鹿園雑集》六号，四一—八三頁。

・井上亘　二〇一四《偽りの日本古代史》同成社。

・入澤崇　二〇一一〈壁画復元——ベゼクリク「誓願図」〉能仁正顕（編）《西域　流沙に響く仏教の調べ》（龍谷大学仏教学叢書2）自照社出版，二四九—二七三頁。

・石見清裕　二〇〇八〈唐とテュルク人・ソグド人——民族の移動・移住より見た東アジア史〉《専修大学東アジア世界史研究センター年報》一号，六七—八一頁。

・石見清裕　二〇〇九《唐代の国際関係》（世界史リブレット97）山川出版社。

・石見清裕　二〇一〇《中国隋唐史研究とユーラシア史》工藤元男／李成市（編）《アジ

ア学のすすめ3　アジア歴史・思想論》弘文堂，一二三—四二頁。
・梅村坦　一九九七《内陸アジア史の展開》（世界史リブレット11）山川出版社。
・梅村坦　一九九九a〈草原とオアシスの世界〉《岩波講座世界歴史9　中華の分裂と再生（3—13世紀）》岩波書店，八五—一〇七頁。
・梅村坦　一九九九b〈増補・天山ウイグル王の肖像をめぐって〉高木豊／小松邦彰（編）《鎌倉仏教の様相》吉川弘文館，四二三—四五九頁。
・梅村坦　二〇〇〇〈オアシス世界の展開〉小松久男（編）《中央ユーラシア史》（新版世界各国史4）山川出版社，八九—一四二頁。
・栄新江　二〇一九〈敦煌文献所見公元10世紀的絲綢之路〉栄新江／党宝海（主編）《馬可・波羅与10—14世紀的絲綢之路》北京：北京大学出版社，一九〇—二〇五頁。
・江上波夫（編）　一九八一《シルクロードの世界》（現代のエスプリ）至文堂。
・榎一雄　一九七七《図説中国の歴史11　東西文明の交流》講談社。
・榎一雄　一九七九《シルクロードの歴史から》研文出版。
・榎一雄　一九九三《榎一雄著作集　五　東西交渉史Ⅱ》汲古書院。
・榎本淳一　二〇一四〈遣唐使の役割と変質〉《岩波講座日本歴史3　古代3》岩波書店，

二五一—二八四頁。
・榎本淳一　二〇一八〈中国の法・制度の受容〉古瀬奈津子（編）《古代文学と隣接諸学5　律令国家の理想と現実》竹林舎，四三—六九頁。
・応地利明　二〇〇九〈人類にとって海はなんであったか〉《人類はどこへ行くのか》（興亡の世界史20）講談社，一二一—一八二頁。
・応地利明　二〇一二《中央ユーラシア環境史4　生態・生業・民族の交響》臨川書店。
・大阪大学歴史教育研究会（編）　二〇一四《市民のための世界史》大阪大学出版会。
・岡田英弘　一九九二《世界史の誕生》（ちくまライブラリー）筑摩書房。〈再刊・ちくま文庫，一九九九年〉
・岡田英弘　二〇一三a《岡田英弘著作集Ⅰ　歴史とは何か》藤原書店。
・岡田英弘　二〇一三b《岡田英弘著作集Ⅱ　世界史とは何か》藤原書店。
・岡本隆司　二〇一八《世界史序説——アジア史から一望する》（ちくま新書）筑摩書房。
・小田壽典　二〇〇三〈カラハン朝の起源はカルルク族が、ウイグル族か〉《愛大史学——日本史・アジア史・地理学》一二号，一—四一頁。
・風間喜代三　一九九三〈印欧語の故郷を探る〉（岩波新書）岩波書店。

- 加藤修弘　二〇一二〈遼朝北面の支配機構について――著帳官と節度使を中心に〉《九州大学東洋史論集》四〇号，七―八四頁。
- 河上洋　二〇〇九〈渤海国の中の西方人〉《河合文化教育研究所研究論集》第六集，一五―二〇頁。
- 川北稔　一九九六《砂糖の世界史》（岩波ジュニア新書）岩波書店。
- 川北稔　二〇〇八〈輸入代替としての産業革命――「一体としての世界」の起源〉懐徳堂記念会（編）《世界史を書き直す　日本史を書き直す　阪大史学の挑戦》和泉書院，一―三三頁。
- 河野保博　二〇一八　〈唐代・日本古代の馬と交通制度〉鶴間和幸／村松弘一（編）《馬が語る古代東アジア世界史》汲古書院，三二七―三五七頁。
- 川又正智　一九九四《ウマ駆ける古代アジア》（講談社選書メチエ）講談社。
- 川又正智　二〇〇六《漢代以前のシルクロード――運ばれた馬とラピスラズリ》（ユーラシア考古学選書）雄山閣。
- 橘堂晃一　二〇一三〈ウイグル仏教におけるベゼクリク第20窟の歴史的意義〉《トルファンの仏教と美術――ウイグル仏教を中心に》龍谷大学アジア仏教文化研究センター，

一五三—一六八頁。
・橘堂晃一　二〇一七〈ベゼクリク石窟供養比丘図再考——敦煌莫高窟の銘文を手がかりとして〉宮治昭（編）《アジア仏教美術論集　中央アジアIガンダーラ～東西トルキスタン》中央公論美術出版，五二三—五五〇頁。
・金浩東Kim Hodong　二〇一〇"The Unity of the Mongol Empire and Continental Exchanges over Eurasia." *Journal of Central Eurasian Studies* 1 (2009), pp. 15-42.
・ギメ、エミール（Émile Guimet）　二〇一九《明治日本散策　東京・日光》岡村嘉子（訳），尾本圭子（解説），（角川ソフィア文庫）KADOKAWA。
・百濟康義　一九九二〈ベゼクリク壁画から見た西域北道仏教の一形態——第九号窟の法恵像をめぐって〉《研究発表と座談会　キジルを中心とする西域仏教美術の諸問題》（仏教美術研究上野記念財団助成研究会報告書22）京都国立博物館，一—六頁。
・氣賀澤保規（編）　二〇一二《遣隋使がみた風景——東アジアからの新視点》八木書店。
・小寺智津子　二〇一二《ガラスが語る古代東アジア》同成社。
・後藤敏文　二〇〇八〈インドのことばとヨーロッパのことば〉阿子島香（編）《ことばの世界とその魅力》（人文社会科学講演シリーズIII）東北大学出版会，一一七—一六三頁。
・小林道憲　二〇〇六《文明の交流史観——日本文明のなかの世界文明》（MINERVA歴史・文化ライブラリー）ミネルヴァ書房。
・斉藤達也　二〇〇七〈安息国・安国とソグド人〉《国際仏教学大学院大学研究紀要》一一号，一—三二頁。
・斉藤達也　二〇〇九〈北朝・隋唐史料に見えるソグド姓の成立について〉《史学雑誌》一一八編一二号，三八—六三頁。
・齋藤勝　一九九九〈唐・回鶻絹馬交易再考〉《史学雑誌》一〇八編一〇号，三三—五八頁。
・坂尻彰宏　二〇一五〈敦煌般次考——10世紀前後の使節とキャラヴァン〉《内陸アジア言語の研究》三〇号，一七三—一九七頁。
・佐藤武敏　一九七七—七八《中国古代絹織物史研究》上下二巻　風間書房。佐藤正幸二〇〇九《世界史における時間》（世界史リブレット128）山川出版社。
・シェーファー、エドワード＝H（Edward H. Schafer）　二〇〇七《サマルカンドの金の桃唐代の異国文物の研究》吉田真弓（訳），勉誠出版。

・鄯勇造　二〇〇四《歴史意識の芽生えと歴史記述の始まり》（世界史リブレット57）山川出版社。
・鄯勇造（訳註）　二〇一六《エリュトラー海案内記》全二巻（東洋文庫870&874）平凡社。
・謝世輝　一九八八《世界史の革──ヨーロッパ中心史観への挑戦》吉川弘文館。
・シャフクノフ、V＝エルンスト（Ernst V. Shavkunov）　一九九八〈北東アジア民族の歴史におけるソグド人の黒貂の道〉《東アジアの古代文化》九六号（一九九八年夏号），大和書房，一三九─一四九頁。
・白須淨眞（編）　二〇一五《シルクロードの来世観》（アジア遊学10）勉誠出版。
・代田貴文　二〇〇一〈カラ＝ハーン朝史研究の基本的諸問題〉《中央大学附属中学校・高等学校　教育・研究紀要》一五号，一─三二頁。
・杉山清彦　二〇一六〈中央ユーラシア世界──方法から地域へ〉羽田正（編）《地域史と世界史》（MINERVA世界史叢書①）ミネルヴァ書房，九七─一二五頁。
・杉山正明　一九九七《遊牧民から見た世界史──民族も国境もこえて》日本経済新聞社。

・杉山正明　二〇〇五《疾駆する草原の征服者　遼・西夏・金元》（中国の歴史8）講談社。
・杉山正明　二〇〇八《モンゴル帝国と長いその後》（興亡の世界史09）講談社。
・鈴木治　一九七四〈絹路考〉〈絹路補考〉《ユーラシア東西交渉史論攷》国書刊行会，二五九—三三五頁。
・鈴木宏節　二〇一九〈突厥・ウイグルの遺跡〉草原考古研究会（編）《ユーラシアの大草原を掘る　草原考古学への道標》（アジア遊学238）勉誠出版，三五二—三六五頁。
・鈴木靖民　一九九九〈渤海の遠距離交易と荷担者〉鈴木靖民（編）《渤海と古代東アジア》（アジア遊学6）勉誠出版，九九—一一〇頁。
・鈴木靖民　二〇一八〈シルクロード・東ユーラシア世界の研究と古代日本〉《史叢》九八号，一—三一頁。
・妹尾達彥　一九九九〈中華の分裂と再生〉《岩波講座世界歴史9　中華の分裂と再生（3—13世紀）》岩波書店，三—八二頁。
・妹尾達彥　二〇〇一《長安の都市計画》（講談社選書メチエ）講談社。
・妹尾達彥　二〇一八《グローバル・ヒストリー》中央大学出版部。

・關尾史郎　二〇一九〈内乱と移動の世紀　4～5世紀中国における漢族の移動と中央アジア〉《古代東ユーラシア研究センター年報》五号，五－二八頁。
・草原考古研究会（編）　二〇一一《鍑の研究――ユーラシア草原の祭器・什器》雄山閣。
・草原考古研究会（編）　二〇一九《ユーラシアの大草原を掘る　草原考古学への道標》（アジア遊学238）勉誠出版。
・ダイアモンド、ジャレド（Jared Diamond）　二〇〇〇《銃・病原菌・鉄――一万三〇〇〇年にわたる人類史の謎》上下二巻　倉骨彰（訳），草思社。
・平雅行　二〇〇八〈神国日本と仏国日本〉懐徳堂記念会（編）《世界史を書き直す　日本史を書き直す　阪大史学の挑戦》和泉書院，一一一－一四六頁。
・高井康典行　二〇一三〈世界史の中で契丹「遼」史をいかに位置づけるか〉荒川慎太郎ほか（編）《契丹「遼」と10～11世紀の東部ユーラシア》（アジア遊学160）勉誠出版，二一－三三頁。
・高濱秀　一九九五〈西周・東周時代における中国北辺の文化〉古代オリエント博物館（編）《江上波夫先生米寿記念論集　文明学原論》山川出版社，三三九－三五七頁。
・高濱秀　二〇一九〈初期遊牧民文化の広まり〉草原考古研究会（編）《ユーラシアの大

草原を掘る　草原考古学への道標」（アジア遊学238）勉誠出版，六四—七八頁。
・高濱秀先生退職記念論文集編集委員会（編）　二〇一四《ユーラシアの考古学　高濱秀先生退職記念論文集》六一書房。
・高山博　一九九九《中世シチリア王国》（講談社現代新書）講談社。
・田村健　二〇一四〈ハザルから見たユーラシア史〉《ふびと》六五号，三重大学，四七—六七頁。
・タルデュー、ミシェル（Michel Tardieu）　二〇〇二《マニ教》大貫隆／中野千恵美（訳）（文庫クセジュ9）白水社。
・田家康　二〇一九《気候文明史》（日経ビジネス人文庫）日本経済新聞出版社。
・鶴間和幸／村松弘一（編）二〇一八《馬が語る古代東アジア世界史》汲古書院。
・東京大学教養学部歴史学部会（編）　二〇二〇《歴史学の思考法（東大連続講義）》岩波書店。
・東北亜歴史財団（編著）　二〇一五《渤海と日本》（古代環東海交流史2）明石書店。
・礪波護　一九九〇〈唐代社会における金銀〉《東方学報》六二冊，二三三—二七〇頁。
・長澤和俊　一九八三《シルクロードの文化と日本》雄山閣出版。

・中田美絵　二〇〇七〈不空の長安仏教界台頭とソグド人〉《東洋学報》八九巻三号，三三―六五頁。
・中田美絵　二〇一一〈八世紀後半における中央ユーラシアの動向と長安仏教界〉《関西大学東西学術研究所紀要》四四輯，一五三―一八九頁。
・中田美絵　二〇一六〈唐代中国におけるソグド人の仏教「改宗」をめぐって〉《東洋史研究》七五巻三号，三四―七〇頁。
・長谷川修一／小澤実（編著）二〇一八《歴史学者と読む高校世界史　教科書記述の舞台裏》勁草書房。
・羽田亨　一九九二《西域文明史概論・西域文化史》間野英二（解題），（東洋文庫545）平凡社。
・林俊雄　二〇〇〇〈草原世界の展開〉小松久男（編）《中央ユーラシア史》（新版世界各国史4）山川出版社、一五―八八頁。
・林俊雄　二〇〇七《スキタイと匈奴　遊牧の文明》（興亡の世界史02）講談社。〈再刊・講談社学術文庫，二〇一七年〉
・林俊雄　二〇〇九《遊牧国家の誕生》（世界史リブレット98）山川出版社。

- 林俊雄　二〇一〇〈草原の考古学〉菊池俊彦（編）《北東アジアの歴史と文化》北海道大学出版会，一〇五―一二〇頁。
- 林俊雄　二〇一二〈ユーラシアにおける人間集団の移動と文化の伝播〉窪田順平（監修）、奈良間千之（編）《中央ユーラシア環境史1　環境変動と人間》臨川書店，一六四―二〇八頁。
- 林俊雄　二〇一八〈車の起源と発展〉鶴間和幸／村松弘一（編）《馬が語る古代東アジア世界史》汲古書院，三―三八頁。
- 林俊雄　二〇一九〈草原考古学とは何か――その現状と課題〉草原考古研究会（編）《ユーラシアの大草原を掘る　草原考古学への道標》（アジア遊学238）勉誠出版，七―三五頁。
- ハラリ、ユヴァル＝ノア（Yuval Noah Harari）　二〇一六《サピエンス全史　文明の構造と人類の幸福》上下二巻　柴田裕之（訳）河出書房新社。
- ハンセン、ヴァレリー（Valerie Hansen）　二〇一六《図説シルクロード文化史》田口未和（訳），原書房。
- 東アジアの古代文化を考える会（編）　二〇一四《今、騎馬民族説を見直す――東アジア騎馬文化の証言》東アジアの古代文化を考える会。
・フィンドリー、カーター＝V（Carter V. Findley）　二〇一七《テュルクの歴史——古代から近現代まで》小松久男（監訳）、佐々木紳（訳），明石書店。
・福島恵　二〇一七《東部ユーラシアのソグド人》汲古書院。
・福島恵　二〇一八〈唐前半期における馬の域外調達〉鶴間和幸／村松弘一（編）《馬が語る古代東アジア世界史》汲古書院，二九七—三二六頁。
・藤井純夫　二〇〇一《ムギとヒツジの考古学》同成社。
・藤川繁彦（編）　一九九九《中央ユーラシアの考古学》（世界の考古学6）同成社。
・古川慎一／吉田豊　二〇二〇〈地蔵菩薩像（マニ像）〉《国華》一四九五号，三三—三五頁，図版五。
・古畑徹　二〇一八《渤海国とは何か》（歴史文化ライブラリー）吉川弘文館。
・古松崇志　二〇二〇《草原の制覇　大モンゴルまで》（岩波新書、シリーズ中国の歴史③）岩波書店。
・ベックウィズ、クリストファー（Christopher Beckwith）　二〇一七《ユーラシア帝国の興亡——世界史四〇〇〇年の震源地》　藤純男（訳），筑摩書房。

・堀川徹　二〇〇〇〈モンゴル帝国とティムール帝国〉小松久男（編）《中央ユーラシア史》（新版世界各国史4）山川出版社，一七四—二四四頁。
・松井太　二〇一三〈契丹とウイグルの關係〉荒川愼太郎ほか（編）《契丹「遼」10～12世紀の東部ユーラシア》（アジア遊学160）勉誠出版，五六—六九頁
・松井太　二〇一七〈高昌故城寺院αのマニ教徒と仏教徒〉入澤崇／橘堂晃一（編）《大谷探険隊收集西域胡語文献論叢仏教・マニ教・景教》（龍谷大学西域研究叢書6）龍谷大学仏教文化研究所，七一—八六頁。
・松田壽男　一九八六《松田壽男著作集2　遊牧民の歴史》六興出版。〈絹馬交易関係の二論文を含む〉
・松田壽男　一九九二《アジアの歴史——東西交渉からみた前近代の世界像》（同時代ライブラリー）岩波書店。〈初出・日本放送出版協会，一九七一年〉
・松田壽男　一九九四《砂漠の文化——中央アジアと東西交渉》（同時代ライブラリー）岩波書店。〈初出・中央公論社、中公新書，一九六六年〉
・丸橋充拓　二〇一八〈「闘争集団」と「普遍的軍事秩序」のあいだ——親衛軍研究の可能性〉宮宅潔（編）《多民族社会の軍事統治　出土史料が語る中国古代》京都大学学術

出版会，三一—四六頁。
・右島和夫（監修）青柳泰介ほか（編）二〇一九《馬の考古学》雄山閣。
・三崎良章　二〇一二《五胡十六国　中国史上の民族大移動（新訂版）》（東方選書）東方書店。
・峰雪幸人　二〇一八〈五胡十六国～北魏前期における胡族の華北支配と軍馬の供給〉《東洋学報》一〇〇巻二号，一—三一頁。
・宮崎正勝　二〇〇九《世界史の誕生とイスラーム》原書房。
・本村凌二　二〇〇一《馬の世界史》（講談社現代新書）講談社。
・護雅夫　一九六七《遊牧騎馬民族国家》（講談社現代新書）講談社。
・護雅夫（編）　一九七〇《漢とローマ》（東西文明の交流1）平凡社。
・護雅夫　一九七六《古代遊牧帝国》（中公新書）中央公論社。
・森美智代　二〇一七〈西域北道における誓願図について〉宮治昭（編）《アジア仏教美術論集　中央アジアI　ガンダーラ～東西トルキスタン》中央公論美術出版，四二五—四五四頁。
・森部豊　二〇一〇《ソグド人の東方活動と東ユーラシア世界の歴史的展開》関西大学出

版部。
・森部豊（編） 二〇一四《ソグド人と東ユーラシアの文化交渉》（アジア遊学175）勉誠出版。
・森安孝夫 一九八二〈渤海から契丹へ——征服王朝の成立〉《東アジア世界における日本古代史講座7 東アジアの変貌と日本律令国家》学生社，七一—九六頁。
・森安孝夫 一九八九a〈トルコの仏教源流と古トルコ語仏典の出現〉《史学雑誌》九八編四号，一—三五頁。（森安二〇一五，六一八—六四四頁，有修訂版本）
・森安孝夫 一九八九b～九四 〈ウイグル文書箚記（その一～その四）〉《内陸アジア言語の研究》四号，五一—七六頁；五号，六九～八九頁；七号，四三—五三頁；九号，六三—九三頁。
・森安孝夫 一九九一〈ウイグル＝マニ教史の研究〉《大阪大学文学部紀要》三一／三二（合併号）全冊。
・森安孝夫 一九九六〈中央ユーラシアから見た世界史——東洋史と西洋史の間〉《あうろーら》四号，二六—三八頁。
・森安孝夫 一九九七〈《シルクロード》のウイグル商人——ソグド商人とオルトク商人

のあいだ〉《岩波講座世界歷史11　中央ユーラシアの統合（9—16世紀）》岩波書店，九三—一一九頁。（森安二〇一五，四〇七—四三五頁，有修訂版本）
・森安孝夫　二〇〇四〈シルクロード東部における通貨——絹・西方銀銭・官布から銀錠へ〉森安孝夫（編）《中央アジア出土文物論叢》朋友書店，一—四〇頁。（森安二〇一五，四三六—四八九頁，有修訂版本）
・森安孝夫　二〇〇七a《シルクロードと唐帝国》（興亡の世界史05）講談社（二〇一六年在講談社學術文庫出版增訂版）
・森安孝夫　二〇〇七b〈唐代における胡と仏教的世界地理〉《東洋史研究》六六巻三号，一—三三頁。（森安二〇一五，三七六—四〇六頁，有修訂版本）
・森安孝夫　二〇一〇〈日本に現存するマニ教絵画の発見とその歴史的背景〉《内陸アジア史研究》二五号，一—二九頁。
・森安孝夫　二〇一一a〈内陸アジア史研究の新潮流と世界史教育現場への提言〉《内陸アジア史研究》二六号，三—三四頁。
・森安孝夫　二〇一一b〈シルクロード東部出土古ウイグル手紙文書の書式（前編）〉《大阪大学大学院文学研究科紀要》五一号，一—八六頁。

・森安孝夫　二〇一一c〈シルクロード東部出土古ウイグル手紙文書の書式（後編）〉森安孝夫（編）《ソグドからウイグルへ——シルクロード東部の民族と文化の交流》汲古書院，三三五—四二五頁。
・森安孝夫　二〇一二〈加藤修弘卒業論文の公刊にあたって〉《九州大学東洋史論集》四〇号，一—六頁。
・森安孝夫　二〇一五《東西ウイグルと中央ユーラシア》名古屋大学出版会。
・Moriyasu, Takao, *Corpus of the Old Uighur Letters from the Eastern Silk Road.* (Berliner Turfantexte, 46), Turnhout (Belgium): Brepols, 2019.
・森安孝夫／吉田豊　二〇一九〈カラバルガスン碑文漢文版の新校訂と訳註〉《内陸アジア言語の研究》三四号，一—五九頁。
・安田喜憲　一九九五a〈農耕の起源と環境〉梅原猛／安田喜憲（編）《講座文明と環境3　農耕と文明》朝倉書店，一一六—一二六頁。
・安田喜憲　一九九五b〈地球のリズムと文明の周期性〉小泉格／安田喜憲（編）《講座文明と環境1　地球と文明の周期》朝倉書店，二四八—二五七頁。
・山口博　一九九六《万葉集の誕生と大陸文化——シルクロードから大和へ》（角川選書）

角川書店。
・山口博　二〇〇四《古代文化回廊　日本》おうふう。
・山下将司　二〇〇八〈唐の監牧制と中国在住ソグド人の牧馬〉《東洋史研究》六六巻四号，一－三二頁。
・山田信夫（編）　一九七一《ペルシアと唐》（東西文明の交流2）平凡社。
・山田信夫　一九八五《草原とオアシス》（ビジュアル版　世界の歴史10）講談社。
・山田信夫　一九八九《北アジア遊牧民族史研究》東京大学出版会。
・山田信夫（著）、小田壽典／P＝ツィーメ（P. Zieme）／梅村坦／森安孝夫（共編）　一九九三《ウイグル文契約文書集成》全三巻，大阪大学出版会。
・山部能宜　二〇一〇〈禅観と禅窟〉奈良康明／石井公成（共編）《文明・文化の交差点》（新アジア仏教史5　中央アジア）佼成出版社，二八七－三二六頁。
・吉田豊　一九八八〈カラバルガスン碑文のソグド語版について〉《西南アジア研究》二八号，二四－五二頁。
・吉田豊　一九八九〈ソグド語雑録（Ⅱ）〉《オリエント》三一巻二号，一六五－一七六頁。

・吉田豊　二〇〇九〈寧波のマニ教画　いわゆる「六道図」の解釈をめぐって〉《大和文華》一一九号，三一一五頁。
・吉田豊　二〇一〇a〈新出マニ教絵画の形而上〉《大和文華》一二一号，三一三四頁。
・吉田豊　二〇一〇b〈出土資料が語る宗教文化——イラン語圏の仏教を中心に〉奈良康明／石井公成（共編）《文明・文化の交差点》（新アジア仏教史5　中央アジア）佼成出版社，一六五一二一五頁。
・吉田豊　二〇一一a〈ソグド人とソグドの歴史〉曽布川寛／吉田豊（共編）《ソグド人の美術と言語》臨川書店，七一七八頁。
・吉田豊　二〇一一b〈ソグド人と古代のチュルク族との関係に関する三つの覚え書き〉《京都大学文学部研究紀要》五〇号，一一四一頁。
・吉田豊　二〇一五〈漢語仏典と中央アジアの諸言語・文字——中世イラン語、特にソグド語仏典の場合〉新川登亀男《仏教文明の転回と表現——文字・言語・造形と思想》勉誠出版，二四一五一頁。
・吉田豊　二〇一七a〈ソグド語訳《楞伽師資記》と関連する問題について〉《東方学》一三三輯，五二一三一頁（逆頁）。

・吉田豊　二〇一七b〈トルファンおよび中国江南のマニ教絵画について――マニの描いた「絵図」を視野に〉宮治昭（編）《アジア仏教美術論集　中央アジアI　ガンダーラ～東西トルキスタン》中央公論美術出版，五五一―五八二頁。

・吉田豊／森安孝夫　二〇〇〇〈ベゼクリク出土ソグド語・ウイグル語マニ教徒手紙文〉《内陸アジア言語の研究》一五号，一三五―一七八頁。

・吉田豊／古川攝一（編）　二〇一五《中国江南マニ教絵画研究》臨川書店。

・ラ＝ヴェシエール、エチエンヌ＝ドゥ（Étienne de la Vaissière）　二〇一九《ソグド商人の歴史》影山　子（訳）岩波書店。

・歴史学研究会（編）　一九九五《世界史とは何か――多元的世界の接触の転機》（講座世界史1）東京大学出版会。

國家圖書館出版品預行編目 (CIP) 資料

歷史學家寫給所有人的絲路史：遊牧、商業與宗教,前近代歐亞世界體系的形成 / 森安孝夫著；陳嫺若譯. -- 初版. -- 新北市：臺灣商務印書館股份有限公司, 2022.09
面； 公分. -- (歷史.世界史)
譯自：シルクロード世界史
ISBN 978-957-05-3436-8(平裝)

1.CST: 世界史 2.CST: 絲路
711 111010395

歷史・世界史

歷史學家寫給所有人的絲路史：

遊牧、商業與宗教，前近代歐亞世界體系的形成

シルクロード世界史

作　　者—森安孝夫
譯　　者—陳嫺若
發 行 人—王春申
選書顧問—陳建守
資訊行銷—劉艾琳、姚婷婷、孫若屏
業務組長—王建棠
總 編 輯—林碧淇
責任編輯—徐　鉞
封面設計—兒日設計
版型設計—菩薩蠻
出版發行—臺灣商務印書館股份有限公司
231023 新北市新店區民權路 108-3 號 5 樓（同門市地址）
電話：（02）8667-3712　傳真：（02）8667-3709
讀者服務專線：0800056196　郵撥：0000165-1　E-mail：ecptw@cptw.com.tw
網路書店網址：www.cptw.com.tw　Facebook：facebook.com.tw/ecptw

SIRUKUROODO SEKAISI
© Takao Moriyasu 2020
All rights reserved.Original Japanese edition published by KODANSHA LTD.
Traditional Chinese publishing rights arranged with KODANSHA LTD.
through AMANN CO., LTD.
Traditional Chinese edition Copyright © 2022 by The Commercial Press, Ltd.
本書由日本講談社正式授權，版權所有，未經日本講談社書面同意，不得以任何方式作全面或局部翻印、仿製或轉載。

局版北市業字第 993 號
初版一刷：2022 年 09 月
初版一點五刷：2024 年 05 月
印刷廠：鴻霖印刷傳媒股份有限公司
定價：新台幣 420 元
法律顧問—何一芃律師事務所
有著作權・翻印必究
如有破損或裝訂錯誤，請寄回本公司更換